まえがき

「難病は不治の病ではない」

2022年5月、僕は動画投稿サイト「YouTube（ユーチューブ）」の収録に向き合おうとしていた。

プロ野球の解説や評論活動の合間を縫って始めた自身の公式チャンネル『TAO CHANNEL』は、選手、監督時代の思い出話や、日頃から追いかけている阪神タイガースの試合分析をテーマに、阪神の監督に就任した岡田彰布や中日ドラゴンズ時代のチームメイトらとざっくばらんに意見を交わす楽しい番組づくりを心がけている。

しかし、5月30日の配信は趣旨が異なった。僕自身が厚生労働省指定の難病（特定疾患）である「心《しん》アミロイドーシス」の闘病中であることを公表するためだった。

番組には、久しぶりに「MADAM REY（マダムレイ）」の芸名で音楽活動もしている女房（本名・宏子）と愛犬2匹も一緒に出演してくれた。難病と闘うという深刻な印象を与えるのではなく、女房と2人でこれまでどおり明るく、病に立ち向かっていることを打ち明けようとしていた。「早期発見、早期治療すれば進行を抑えられる」という啓蒙の意味と、なにより僕自身が前を向いて人生を歩んでいる姿をみなさんにお見せする狙いだった。

突然の発表に、驚いた人もいたかもしれない。ありがたいことに、「いつまでも元気で」

「回復を祈っています」など多くの励ましの言葉をいただいた。僕自身にとっては、家族の支えとともに大きな活力の源になっていることをあらためて感謝申し上げたい。

僕が罹患した「心アミロイドーシス」は日本国内で約2000人しか認定されていない珍しい病気である。僕が診てもらった専門医の先生の話だと、誰にでも発症する可能性があり、潜在的には、日本国内で数万人が罹患していると思われるという。実際にはよくわからないまま「心不全」として扱われ、亡くなったのではないかと思われる人も多いそうだ。

心アミロイドーシスは「アミロイド」と呼ばれる繊維状の異常たんぱく質が心臓に沈着し、さまざまな機能障害を起こす病気だという。沈着する原因、発症のメカニズムなどは現在もまだ、はっきりとはわかっていない。女性よりも男性がかかりやすく、加齢も関係があるといわれている。

アミロイドにはいくつかの種類があり、心臓以外の臓器に沈着する場合もある。複数の臓器に沈着するのが、全身性のアミロイドーシスだ。2022年10月に79歳で亡くなられた元プロレスラーのアントニオ猪木さんが患ったことで、世間から大きな注目を集めることになった病気である。

心アミロイドーシスには数年前までは有効な治療法がなく、５年生存率が30数パーセントともいわれていた。つまり、一度罹患してしまうと、手の施しようがない、やっかいな病気だったが、２０１９年に進行を止めるのに有効な経口薬が認可された。このため、現在は、早期発見できれば、投薬治療である程度、症状を抑え込むことができるようになっているという。

僕自身も幸いなことに、病気になる前とほとんど変わらない、何不自由ない日常生活を送ることができている。現役引退直後から体力維持などの目的で約30年続けてきた趣味のロードバイクは、いまも毎日10～15キロ乗っている。つきあいもあって嗜んできたゴルフはちょっと膝が悪くて休んでいるが、急に寝込むような容体ではまったくない。

症状としては、階段を上がると少し息切れがしたり、せき込んだりして、体がむくんだ時期が何日かあった程度だった。この間も、日本プロ野球ＯＢクラブのイベントで打席に立ったぐらい元気だ。食事もお酒もこれまでと同じようにとっている。

病気を患ったことで実感したことがある。ラジオやテレビ、新聞の評論や解説などを通じて、僕がみなさんの前に出ていくのも大事だということである。元気で生活している、その姿をちゃんとみなさんに見せないといけない。そういったメディアの仕事をきちんとしていかないと、「田尾は本当に病院で臥せっている」と勘違いされたり、誤った情報が広まったりするかもしれない。メディアに出続けることで、自分のことも、心アミロイドーシスという病気のことも、みなさんに知ってもらえる。いまは、そう強く心に思っている。

人間は、誰でも年齢を重ねてくると、いろいろなアクシデントに見舞われたり、壁にぶち当たったりすることが増えていくものだと思っている。僕が心アミロイドーシスを患ったのも、「いろいろ」のうちのひとつにすぎない。

人生を自動車に例えるとわかりやすいだろう。車は長く乗り続けると、いろいろと不具合が生じてくる。それと同じではないだろうか。不具合が生じたからといって、乗れなくなるわけではない。必要なタイミングで必要なメンテナンスをすれば、長く乗ることができる。故障なく走っていたときよりも、手間暇かけて修理したり、部品を取り換えたりするプロセスのなかで愛着も湧いてくる。

プロ野球選手、監督、解説者と野球を通じてまっすぐに歩んできた僕の人生も、そんな時期に差しかかったのかもしれない。いまは、そう前向きに受け止めている。

この本を出そうと思った理由は、多くの人に心アミロイドーシスという病気への理解を深めてもらい、少しでも体に異常を感じたら、早めに検査を受けてほしいと思ったからだ。

医療の進歩によって、この疾患は難病といっても、いつもの血液検査に、少し心臓の部分の検査を加えるだけで早期発見につなげることができる。費用もそんなにはかからない。やらない手はないだろう。数値がおかしかったら、専門的に調べてもらったらいい。心アミロイドーシスは決して、すぐに死に至る病ではない。

「田尾だって、元気に活躍しているじゃないか」。そう思ってもらえれば、僕自身もより前向きに人生を歩んでいくことができる。

振り返れば、僕の人生には、いくつかのターニングポイントがあった。

甲子園とは無縁の公立高校で研鑽に励んだ高校時代、尊敬できる恩師に出会った大学時代……。プロのスタートを切った中日ドラゴンズでは壁にぶつかり、乗り越えた。トレードされた西武ライオンズで日本一となり、現役最後の球団となった阪神タイガースでは、人気チームならではの悲喜交々を味わった。東北楽天ゴールデンイーグルス初代監督時代に感じたファンの温かさはいまも忘れられない。

決して平坦な人生ではなかった。ただ、どんなアクシデントに見舞われても、いつも僕は先を見据え、困難に立ち向かってきた。そこは、ぶれずに歩んできた自負がある。

難病の心アミロイドーシスを患っても、すぐに前向きな気持ちになれた背景には、後悔のない生き方をしてきた、胸を張って生きてきたという僕自身の生きざま、人生論があったからだと思っている。

70歳を前にして、あらためて自らの人生を振り返るとともに、僕の野球観、人生観から、本を手に取ってくれた読者のみなさんが「前を向いて生きていくヒント」をつかんでもらえれば幸いである。

目次

第8章　家族と共に生きがい見つける――195

※本文中に登場する人物名は、一部敬称を略しています。

第1章

だから、僕は前を向く

国指定の難病、突然の宣告

後述するが、僕は母や弟を若くに亡くしたこともあって、健康には気をつけているほうで、忙しいときでも定期的に健康診断は受けるようにしていた。そんな僕の体に最初の異変が生じたのは、２０２２年の初めである。ちょっとした手のしびれがしばらく前からあった。最初は首の頸椎を悪くしたことが原因ではないかと疑って、自宅近くのかかりつけの病院で診察を受けた。

ところが、頸椎はどこもおかしくないという。もう少ししっかりと調べてみようということで、知り合いを通じて２０２２年1月に兵庫医科大学病院（兵庫県西宮市）で精密検査を受けることにした。

そこでの血液検査で、心臓の機能が低下し、負担が大きくなっていることを示す数値が高いことがわかった。そこで、心臓を中心にいろいろと調べることになったのだが、数値の異常を見た専門医の先生が発した最初の一言には、驚かされた。

「この数値では、いますぐに車いすでもおかしくありません」

思わず、耳を疑ってしまうのも無理はなかった。診察時にはなんの自覚症状もなく、健康そのもののつもりだったからだ。大学病院への診察にも自転車で来ていたのに、「このままでは車いす生活になる」とはどういうことか。

先生からは「1~2ヶ月検査入院して、しっかり調べてみますか？」とも提案されたが、診察後は自宅に帰るつもりでいたので、それは困ると思った。なにより、まだ頭の整理が追いついていなかった。結局、その提案はいったん断って帰宅し、後日、あらためて3日間だけ検査入院した。その後は通院しながら検査を続けることにした。

僕から話を聞いた女房は最初、何かの冗談だと思ったようだ。これまで、血圧が高めだった女房の健康や食事を僕が気遣うことはあっても、僕自身は健康自慢で、女房から心配されるような重い病気をしたことは、一度もなかったからだ。

約4ヶ月にわたって通院しながら口の中や胃、大腸などの組織や細胞を採取して詳しく検査したが、そこは問題なかった。心臓の数値やその他の症状を総合的に判断し、検査の過程で「もしかしたら……」と候補のひとつとして挙がったのが心アミロイドーシスだった。僕はこのときまで、この病名を聞いたこともなかった。

検査を進めていくなかで、心アミロイドーシスの可能性がだんだんと高くなっていった。最後に確定診断を得るため、首からカテーテルを挿入して心臓の細胞を採取（心筋生検）してみると、案の定、たんぱく質が沈着していた。

人生はなるようにしかならない

僕が難病にかかっているとわかったとき、女房や子どもたちは驚いた。女房は、『TAO CHANNEL』に2人そろって出演して闘病生活を公表する少し前に、自身のSNS（交流サイト）に「詳しく話す日が来ると思いますが……もう少し時間をください」と意味深な文章を投稿してしまった。そのことで、僕が重篤な状態に陥っていると誤った情報が広まってしまったかもしれない。

女房は後で「すごく我慢していた部分があって、どこかで吐き出さないと自分を保てなくなっていた。みなさんを心配させてしまった」と反省していたが、無理はない。それまで健康不安がなかった夫が国指定の難病と診断されたとなれば、不安になるのは当然のことだと思う。

ただ、僕自身は意外と冷静だった。むしろ、早くわかってよかったと思えるほど、爽やかな気分でもある。難病だと診断されたとき、これから5年生存したとして、僕の年齢は70代半ばになる。自らの人生を振り返ったとき、何かやり残したことがあるかなと、自分の心に尋ねてみたが、そんなにないんじゃないかと思えたからだ。

人は何年生きることができるか、誰にもわからない。80歳まで生きる人もいれば、90歳、100歳と年齢を重ねる人もいる。できれば、長く人生をまっとうしたい気持ちはもちろんあるが、短かったら嫌だということでもない。

僕には長年連れ添った女房がいて、家にはかわいい愛犬たちもいる。子どもたちも元気だし、孫もかわいい。楽しい人生、充実した生活を送らせてもらってきて、自分の人生に満足している部分がある。

ここまでまったく悔いのない人生だったと言えるほど、幸せ者である。その人生があと何年あるかというだけの話であって、いつまでという時間は大きな差ではないと思っている。こういう場面になると、もう少しあたふたと慌てふためくかなと想像していたが、そんなこともなかった。

そんな僕と一緒にいるからか、一時はSNSで感情があふれかけた女房も、時間が経つにつれて、いつもの平静さを取り戻していった。

現在は月に一度のペースで通院しながら経過を観察し、処方箋をもらって投薬治療を続けている。きちんと難病患者の指定を受けると、いろいろと保険が利くところもあるので大きな負担もない。いま振り返れば、ＳＮＳでの発信は、思い込んだら一途な女房らしいなと微笑ましく思えるエピソードである。

歯科医をしている長男をはじめ、家族もよく支えてくれている。長男は自分でいろいろなことを調べるタイプで、心アミロイドーシスのことも詳しく勉強して僕に教えてくれた。もちろん、診てもらった専門医の先生からも話を聞いた。

幸いなことに、早期発見だったこともあって「すぐに車いす生活になる」のは免れた。新しい治療法も出てきているし、認可された薬で病気の進行をある程度、抑えることもできるようになった。早期診断、早期治療できれば、この病気ですぐに亡くなる確率はかなり下がるという話もしてもらった。

そのことで、人生でやり残したことはあまりないと思っていた僕に、「早期の診断と治療の大切さを世の中の人たちに知ってもらおう」という新たな目標ができた。きっかけをくれたのは長男だった。

「お父さん、こういう病気になったのもひとつの契機なんだから、早期発見すれば〝致命傷〟にならない可能性があるのなら、罹患したことをみんなに知ってもらうのは、いいことじゃないかな」

長男の提案に、僕も啓蒙活動に興味が湧いた。家族の間でも「そうだね」「それがいい」という話になり、診てもらった先生にも相談した。すると、先生からも「田尾さんに心アミロイドーシスの早期診断、早期治療の啓蒙活動をしていただけるのであれば、われわれにとっても、ありがたい」と言っていただいた。

少しでも役に立つことができればと、『ＴＡＯ ＣＨＡＮＮＥＬ』で病名を公表させてもらったのだが、その後に大きな反響が寄せられて驚いている。

大勢の人の前で話さなければならない講演活動などは、あまり得意ではないので、まだ始めていないが、それよりも、普段どおりの元気な姿を見せ続けることが、大事ではないかと思っている。

闘病していることを公表した後に、中日ドラゴンズ時代のチームメイトで、速球派のピッチャーとして活躍した小松辰雄の知り合いに会った。全身性アミロイドーシスを患っている女性と、そのご家族である。名古屋の繁華街に小松が営んでいる居酒屋があり、そこで初めて顔を合わせて「お互い、頑張りましょう」と励まし合った。

アミロイドーシスの病気について人と話したのは、まだそれくらいしかないが、自分が元気な姿を見せ続けることで同じ境遇の人たちの励みになってほしいと願っている。

近年は心アミロイドーシスに限らず、医学の急速な進歩によって、いろいろな病気で画期的な治療法がたくさん見つかっている。それによって、以前なら治らなかった病気が、治るようにもなっている。そういう新たに出てきた、効果的な治療法を誰でも、簡単な手続きで活用できる、医療の充実した社会になればいいと思っている。

もちろん、完治したわけではないので、女房は、はっきりとは言わないが、僕の病状がいつか、一気に悪くなる恐れがあるのではないかと心配している。だけど、僕はそうなったらそうなったで、仕方がないと思っている。

ただ、病状の悪化を心配して、暗い気持ちになるのは、せっかくの生きている時間がもったいないという思いのほうが強い。それよりは、もっと前向きな考えで、自分の人生の中で、やりたいことをどんどん進めていったほうがおもしろい。

極端に言えば、みんないつかは死ぬ。だから、そこまでをどうやって生きていこうかという発想のほうが、僕はいいのではないかと思っている。僕自身はもともと楽観的に物事を考えて生きてきたからだ。それは、僕の生い立ちとも関係しているかもしれない。

おふくろと弟を亡くして

難病にかかった僕が、このような落ち着いた心境でいられるのには理由がある。おやじは70代まで生きたが、おふくろはすい臓ガンが原因で、50代半ばで亡くなった。次男、つまり僕の弟も白血病のような病を患い、24歳の若さで他界した。「白血病のような」と書くのは、正式な病名がはっきりとしていないためだ。主治医の先生もはっきりとは言わなかった。そうした親族の最期を見てきて、誰にでも寿命があることを若くに知ることとなった。

一方で、人の命に限りがあるのなら、与えられた人生を有意義に過ごすことが大切で、長さはそれほど重要ではないと考えるようにもなった。

３歳年下の弟が亡くなったときは、深く考えさせられた。両親よりも子どものほうが早くこの世を去ってしまう。両親の悲しむ姿を見て、子どもに先立たれる親はきついなと思った。弟はまだ結婚もしていなかった。僕は本気で、弟の身代わりになれるものなら、代わってあげたいという気持ちになった。

当時の僕は中日でプレーし、プロ5年目を迎えていた。結婚して子どもも生まれていた。弟もこれから、なんだかんだやりたいこともあっただろうにと想像すると、なんともやりきれなかった。

おふくろがガンで闘病していたとき、女房はおふくろから「検査の結果がダメでも、とにかく伝えてほしい」と言われていたそうだ。しかし、はっきりとは伝えきれなかった。

人生ははかないもの。気がついたら、もう終わってしまう。振り返れば、人の一生なんて、あっという間かもしれない。だからこそ、あれこれ思い悩むよりは、いかに楽しむかが大切ではないだろうか。僕は、おふくろも弟も精いっぱい、自分の人生を生きたと思っている。

人生は、10人いれば10人とも違う。まさに十人十色。自分の送る人生を意味があるものに、できれば楽しいものに、そうしていけるかどうかは、本人の考え方ひとつだと思う。物事をネガティブにとらえるか、ポジティブに考えることができるか。同じ道を歩んでいても「不幸だ」「不遇だ」と不満を抱えて嘆いている人もいれば、「素晴らしい人生だ」と幸せに感じている人もいるだろう。寿命をどうまっとうするかは、考え方次第でなんとでもなる。

だから、僕自身は難病を患っても、素直に受け入れようと前向きに思うことができる。将来、どうなるかわからない状況でも、うつむかずに明るく振る舞える。

もっとも、以前のように、健康な体のままだったら、こんなことは考えなかったかもしれない。もちろん、死ぬ間際に息が苦しくなればしんどいだろう。だが、まだ想像ができない将来を不安に思うよりは、いまを楽しく生きていきたいと思っている。

野球で知った前向きに生きる姿勢の大切さ

「命には限りがある」ということをおふくろや弟の死が教えてくれたとすれば、前向きに生きる姿勢を大事にするように教えてくれたのは、選手や監督、評論家として携わってきた野球だといえる。

プロ野球は一年一年が勝負の世界。毎年、ドラフトで有望な若い選手が入団してくる。きらびやかな入団会見の裏で、ひっそりと「クビ」を言い渡される選手が同じ数だけ存在する。自分で引退を決断できるのは、ほんのひと握り。入団時には将来の抱負を語れば紙面をにぎわすが、「クビ」になった選手は、有名選手でないかぎりは新聞に小さく戦力外通告を受けた選手として名前が列挙されて終わりである。

どんなに第一線で活躍をしても、40歳を過ぎて現役を続けるということはなかなか難しく、50歳でプレーするというのは漫画の世界である。そう考えると、プロ野球選手は引退してから生きる時間のほうが長いともいえる。

僕は「クビ」になることは、決してネガティブな面だけで考えることはないと思う。プロ野球選手という職業を一生続けることは、肉体的に不可能だ。遅かれ早かれ、必ず職業を変えなければならないタイミングが訪れる。次の仕事が、僕がしている評論家をはじめとした野球に関わる仕事になることもあるし、野球とは関係ない、まったく違う職業、職種に入っていく人も大勢いる。

ましてや解説や評論、指導者の仕事は、元プロ野球選手という肩書だけで務まるほど甘い世界ではない。新たな知識や指導方法などのアップデートを重ねなければ取り残されてしまう。

評論家として独自の視点でファンにわかりやすい解説を心がけることは、新たなやりがいでもあった。指導者もそれぞれの考えがあって、興味深い。一方、野球界の外に出る人も同様で、新たな仕事を「しんどい」と思うのか、それとも「どうやって楽しもうか」と考えるのかは、大事なことである。

野球界に携わって思ったことは、一度きりの人生で、仕事を「1回リセットできる」というのは、かえって恵まれているのではないかということである。

じつは僕自身も30歳を過ぎてベテランと呼ばれる年齢になり、「もうプレーを続けるのはしんどいな」と思った時期があった。しかし、自分から「ユニフォームを脱ぎます」と引退を表明するのは、応援してくれているファンの人たちに申し訳ないという思いを持っていた。

正直、自分から言いだす前に、雇ってくれている球団のほうから先に「もう解雇だ」と宣告してくれたらいいのにと思った時期もある。「もう解雇なんだ」「戦力として見てくれないんだ」「それなら選手をやめざるをえない」。そういう状況になったら案外、気楽なのではないかと思ったものだ。

よくよく考えてみれば、将来の不安を抱えながらプロ野球選手としてプレーを続けるのは、ベストな選択肢ではない。一方で、解雇になることは、次の楽しみを見つけるひとつのきっかけにもなるだろう。もちろん、そう思えるのは、一年一年を必死に戦い、結果を出してそれなりの年俸をもらうことができたからである。何事もそうではあるが、中途半端に取り組んで、次の一手を「逃げ道」にしてはいけない。

高校や大学を卒業して一流企業に入社し、60歳や65歳で定年退職するまで安泰な生活を送らせてもらうのも、いいだろう。しかし、敷かれたレールの上を走っているだけでは、あまりにも自分の人生が見えすぎている面もあるのではないだろうか。ひとつの仕事より、多くの仕事を経験できるほうが、おもしろいのではないか。まだ知らない自分の能力を見いだせるかもしれない。将来がわからないのは、わからないで、それなりにおもしろいものだ。

僕が「懸命にプレーした先に、リセットして再スタートできる」という考えを持つことができたのは、プロ野球界に身を置き、その後の「第二の人生」でも活躍の機会をいただけているからかもしれない。

僕は2005年に東北楽天ゴールデンイーグルスの初代監督を1年間、務めさせてもらった。オリックス・ブルーウェーブと大阪近鉄バファローズの合併構想に端を発した、2004年の球界再編により、新たに誕生したチームだ。

1年目の成績は、38勝97敗1分けの勝率2割8分1厘。レギュラーシーズン首位（リーグ優勝はプレーオフを制した千葉ロッテマリーンズ）の福岡ソフトバンクホークスとは

51・5ゲーム差あり、順位がひとつ上の5位だった北海道日本ハムファイターズにも25ゲーム差も離された。大差の最下位。もちろん、当時の状況からすれば仕方がない面もある。

そもそも戦力が整っていなかった。

2004年11月に行なわれた分配ドラフトでは、最初に合併球団のオリックス・バファローズが主力の25人をプロテクトし、外国人選手や入団2年目までの選手を除いたなかから楽天が20人を選んだ。以降は入団2年目までの選手を加え、オリックス→楽天の順でそれぞれ20人ずつの選手を選抜した。

その40人にドラフトで獲得した新人と、無償トレード、他球団で自由契約となった選手を加えた陣容。弱くて当たり前である。先発ピッチャーとして計算できたのは、近鉄のエースながら合併球団行きを拒否し、特例の金銭トレードという形で加わった岩隈久志くらいだった。

戦前の下馬評どおりと言えば、そのとおりだが、あの1年が、自分の人生にとって、ものすごく有意義な1年だった。チーム、選手を預かる監督として思ったのは、ほかの人からどう見られるかは、まったく関係ないし、まったく気にならないということ。成績が伴わず、ダメな監督だと思われてもいい。

しかし、自分自身がうわべを繕ったり、信念を曲げたりして、間違った方向に行っては いけない。僕はそういう気持ちだけで、監督を務めていた。生まれたばかりでよちよち歩きのチームが、なんとかいい方向に行けばいいという一心だった。

今回、思いがけず心アミロイドーシスという病気にかかって、自分はどうなるかわからないが、家族や、同じ病気に苦しんでいる人たち、僕に関わる人たちみんなが、何かいい方向に行ってくれればいいという願望がある。そのあたりは、楽天の初代監督のときと、いまと、心境が少し似ているかなと思う。

そういう心境でいるから、僕は落ち込むことはまったくない。難病にかかり、困難に直面する。そんなときに落ち込みたくなる気持ちは、わからなくもない。しかし、それは、周りで一生懸命支えてくれている人たちの姿が、見えていないのではないだろうか。厳しい言い方をすれば、自分のことしか考えることができないでいるのではないか。そんな気がする。周りの人たちのことを考え、自分自身も前向きになんとかしようと考えていくと、案外、やりがいや、生きがいは見つけられるものだと思う。

一方で、極端に言うと、僕自身は自分一人なら、なんとかなる、なんとでも生きていけるだろうという思い、自信も持っている。なんの根拠もなく、勝手にそう思っているわけではない。僕の人生を振り返ったときに、子どものころからずっと、自立した生活を送ってきた。

前向きな生活、自立した生活に必要なものは何か。よくよく考えると、この年齢になっていちばんのぜいたくは、「自分が自由に使える時間をどれだけ持てているか」ということのような気がする。

いまの僕は、ぜいたくに生活できている。プロ野球という特殊な世界に身を置き、新規参入球団の初代監督というほとんど誰も経験したことがない大役を任されたことが、いまに生きているともいえるのである。

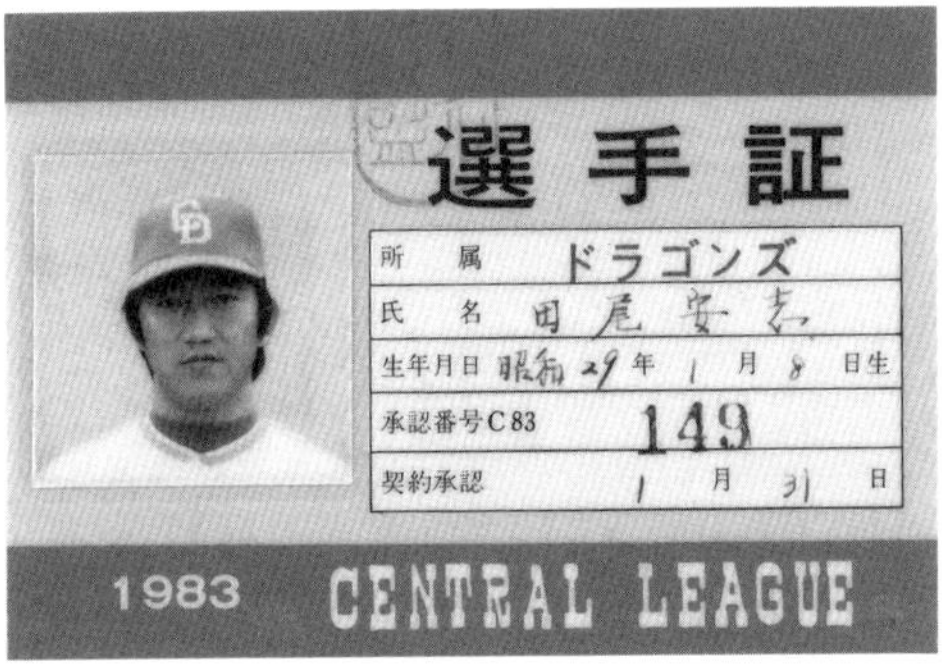
選手証

所属 ドラゴンズ
氏名 田尾安志
生年月日 昭和29年1月8日生
承認番号C83 149
契約承認 1月31日

1983 CENTRAL LEAGUE

第2章

野球との出会い

大阪の下町に生まれて

1954年1月8日、僕は大阪の下町で生まれた。

当時の日本には、「もはや戦後ではない」という言葉が世の中にあふれ、日本社会が戦後の復興期から高度経済成長期へと転換し、突き進んでいた。僕はそんな時代に幼少期を過ごした、いわゆる「ポスト団塊の世代」である。

最初は大阪市港区に住んでいた。長屋のような家で、小学2年生まで暮らした。ところが、1961年9月に大阪湾岸に高潮などの被害をもたらした「第2室戸台風」により、我が家も床上浸水の被害に遭った。それで、大阪市西区に引っ越すことになった。

引っ越し先は、おやじが世話になっていた自動車関係の会社の社長が持っていた借家だった。現在の場所でいうと、オリックスの本拠地、京セラドーム大阪の近くで育った。

僕は大阪生まれだが、両親は共に香川県の出身だった。僕が生まれるずいぶん前に、大阪に働きに出てきていたそうだ。僕が育った家庭は決して裕福ではなかったが、いつも活気があったし、生活に困っている感じはまったくしなかった。

家の隣には鉄工所があった。おやじは親切で面倒見がよく、我が家は地方から集団就職で大阪に出てきた若者たちが慕って、ちょくちょく遊びに来るような開放的な家だった。彼らは日本の将来を担う「金の卵」ともてはやされていたが、まだまだ経済的にゆとりがあるわけではなかった。おやじは、そんな若い子たちを家に招いて、ご飯を食べさせてあげたりしていた。

面倒見のいいおやじだが、一方で他人に使われて仕事をするのが好きではなかった。僕にも頑固な一面があるのだが、そのあたりはおやじ譲りかもしれない。

おやじは、少し大きめの自動車整備工場の一角を借り、車の内装をする仕事を生業にしていた。内装のためのミシンがけなども、自分で行なっていた。

そんなおやじを支えたおふくろは、肝っ玉かあちゃんだった。「おかあちゃん」という響きがぴったりな感じの母親だった。我が家は僕と弟の二人兄弟。おふくろは、いつも子どもたちの面倒をよく見てくれていた。裕福な家庭ではなかったが、食べるに困るほどではなかった。

僕が野球を始めてからは、体のことも考えてくれていた。あるとき、大阪・私立明星高校時代に甲子園に出場し、後に社会人野球のクラレ岡山を経て近鉄バファローズに入団した平野光泰さんが、いつも肉を２００グラム食べているという話をどこからか聞きつけてきて、うちの食卓でも肉がたくさん出るようになった。そんな心配りのある、温かみのある家庭だった。

下町ならではで、近所づきあいは深く、いまでもときどき会う中学校時代の仲間がいる。いつも、同級生が切り盛りしている地元の飲食店に集まる。僕がプロ野球選手になったからといって、態度が変わることもない。互いに気兼ねなく、顔を合わせれば冗談を言い合う、何でも話せる関係である。

新型コロナウイルス禍で近年は会えていないが、半世紀以上もずっと、友達関係が切れずに続いている。下町には下町の良さがある。人懐っこくて義理堅く、人情味にあふれている。そんな仲間たちと、子どものころは一緒になってよく遊んだ。

我が家のことでいえば、まだどこの家にもない時代からテレビがあった。両親が、いつ購入したのかは、はっきり覚えていないが、かなり早い時期だったと記憶している。一般家庭にもテレビが普及したのは、１９５９年の明仁皇太子殿下（現上皇さま）と正田美智子さん（現上皇后さま）の御成婚がきっかけだとされているが、うちがテレビを購入した時点では、まだ周りの家はどこも持っていなかった。

そんなわけで、近所のお兄ちゃんたちがテレビを見るために、よく我が家にやってきた。とくに金曜日夜8時に放映されていた『三菱ダイヤモンド・アワー』の時間帯。あのころはプロレス中継が盛んで、人気があった。

プロ野球の中継は、阪神タイガースの本拠地にほど近い大阪でも読売ジャイアンツ（巨人）が中心だった。巨人のスター選手だった長嶋茂雄さんや王貞治さんの活躍に、みんな食い入るように画面を見つめ、盛り上がっていた。

お兄ちゃんたちがやってくると、玄関から居間に上がるところで、いつも僕が待ち構えて「足の裏を見せろ」と要求する。テレビを見せるのに、家を汚されたらたまったものではない。足の裏が汚いと、「もう一回、拭いてこい」と追い返していた。うちの家に上がるには、僕に足の裏を見せるのが、ひとつの「儀式」になっていた。

若い子から慕われていたおやじだったが、家庭では放任主義だった。僕に対して「こうしろ、ああしろ」とは、ほとんど言わなかった。

唯一のこだわりは、「けんかには負けて帰ってくるな」だった。あるとき、けんかに負けて泣いて帰ってくると、家に入れてくれなかった。水を浴びせかけられて、「もう一回、勝負しに行ってこい！」と追い返されたこともある。けんかに対しておやじが厳しい姿勢を見せたのは、「弱い人間はあかんのや」という信念があったからだった。僕には、どんな仕事をして、どんな人間になってもかまわないが、強くたくましい生き方を望んでいたのだと思う。

大阪の下町らしいといえば、下町らしい。そういう強烈な言葉が、いまも頭の中にはっきりと残っている。

おやじの教えは、その後の僕の人生にも影響している。

プロに入ってから、2度のトレードを経験しているが、当時はトレードといえば、「放出」という言葉に取って代わるようにネガティブな印象を抱かれることが多かった。だが、僕は球団からトレードの打診があったときも、その場で「はい、わかりました」と即答していた。気持ちの整理がつかないからと「ちょっと、考えさせてください」と回答を持ち帰ったり、しばらく保留したりするような言葉を使ったことがない。

おやじの教えから「誰にも弱みを見せたくない」という心理が、頭のどこかで働いていたのだと思う。

それは野球のときだけではない。人から何かを指摘されたり、問い詰められたりしたときに、うろたえた表情を相手に見せたくない。どうってことないという態度で臨みたい。

勝ち気というか、やせ我慢してしまうというか……。

ともかく、そういう性格は、「けんかに負けるな」とおやじに教えられた子どものころから培われてきたものだと思う。

心アミロイドーシスという難病を患っても、何事もなかったかのように振る舞えたことも、おやじの教えがあったからかもしれない。

ソフトボールから草野球、そしてリトルリーグへ

大阪市西区に住んでいたころの遊び場は、家の裏にある公園だった。ちょっとした広さがあり、最初は下投げのソフトボールをして遊んでいた。なぜ、野球ではなくソフトボールだったのかは思い出すことができないのだが、小学校3～4年生のころは、学校の授業が終わると、仲間と集まって広場でソフトボールに興じるのが日課になっていた。

監督やコーチはいなかったので、誰かにルールや技術を教わるのではなく、みんなで遊びの延長のように楽しい時間を過ごしていた。いまは町の公園でキャッチボールをするのも、いろいろとルールがあって難しいご時世だが、当時はなんの規制もなかった。

5年生に上がると、友達の何人かが草野球のチームに入っていることを知った。下投げのボールを打つソフトボールよりも、上投げの野球はボール（軟式のゴム製ボール）も小さく、打球もよく飛ぶ。球速も速い。野球への好奇心が強くなって、仲間に入れてもらうことになった。この草野球チームが僕の野球人生の原点である。

6年生のときには、地元の大阪市西区で硬式野球のリトルリーグのチームがつくられることになった。

プロと同じ硬式球を扱う日本リトルリーグ野球協会は、最初の東京オリンピックが開催された1964年に設立され、大阪では翌年の1965年4月に大阪西リトルリーグ野球協会「大阪西」（現大阪西ボーイズ）が発足した。小学校5・6年生と誕生日が9月以降の中学1年生が対象で、ちょうどそのタイミングで、僕はリトルリーグに加入できる年齢だった。

リトルリーグの新チームには、ソフトボールや野球のうまかった子どもが何人か選抜された。僕もそのうちの一人だった。だから、僕は「大阪西」の1期生ということになる。自分から手を挙げて、進んでリトルリーグに入ったのではなく、野球が上手な子どもの一人としてピックアップされた。

草野球のチームでは軟式球を使っていたので、リトルリーグに加わった当初は「こんなに硬いボールで野球をするのか」と少し戸惑いもあったが、１学年上の中学生に混じってプレーしていた。僕のポジションはファースト。打順はよく覚えていないが、２番とかを打っていた。

僕はそれほど体は大きくなかったが、力のある子どもだった。近所の子ども同士で相撲をしても、ほとんど負けたことがない。負けん気も強く、運動神経も良かった。

これは両親のおかげだと思う。両親が何かスポーツをしていた、という話は聞いたことがないが、おふくろの弟は牛を飼う畜産の仕事をしていた。体格のいい人で、種牛とけんかして、倒したという伝説を持っている人だった。我が家は、力のある家系だったのだ。

僕の所属していた大阪西はいきなり、関西の大会で優勝した。東京で開催される全国大会に出場することになって上京し、決勝まで進んだ。

会場は米軍横田基地の中にあるグラウンドだった。結果は準優勝。いまは、どのくらいのチームがリトルリーグに加盟しているのか正確には知らないが、当時はそんなに多くはなかった。それでも、快挙には違いない。そういう縁で、いまでも、リトルリーグの仕事を手伝ってほしいと頼まれることがある。

小学校時代は超まじめな優等生

僕は勉強もかなりできたほうだと思う。小学校時代は、1年生から6年生までずっと、学級委員を務める優等生だった。6年生のときには、児童会長にもなった。

ある意味、学校のなかでも目立つ小学生だった。授業の始まりを告げるチャイムが鳴ると、教壇のそばに立って「みんな席につけ！」とか「いまから先生が来るので、教科書をしっかり持っておけ！」などと言って、クラスメイトたちを指導していた。いま考えると、少し恥ずかしい。よく、そんなことを平気で口にしていたなと思う。

中学生になると逆に、あんまり先頭に立つのはダサいなと思うようになった。いわゆる思春期に入ったのかもしれない。小学生のころのように、人から注目されることをするのは、「もう卒業した」と思っていた。ただ、とにかく生真面目だった。

小学5～6年生のころは、水泳部にも入っていて、50メートル自由形で大阪市の大会で3位になったこともある。野球とどちらを続けていこうかと迷うくらいのレベルだった。

ただ、そのころの水泳は単調な練習ばかりで、僕にはおもしろくなかった。一方、野球はリトルリーグで勝ち上がると、いろいろなところで試合が行なわれるので、そこに連れていってもらえることも楽しさのひとつだった。

１９６４年のオリンピックイヤーに開業してまだ間もなかった東海道新幹線に初めて乗ることができたのも、野球の大会で勝ち上がることができたからだった。試合の後は晩ごはんをごちそうになって、おいしいものもたくさん食べられた。それも、野球を続けることに決めた理由のひとつだった。

両親に相談したことはない

前にも書いたとおり、両親は僕が幼いころから、何をしようがまったく意見を挟まなかった。なんでも自分の好きなことをすればいいというスタンスだった。自主性を尊重してくれたということもあるのだろうが、当時はおそらく、家計を支えるため、自分たちの仕事で忙しかったのだと思う。

野球をすることについても、あれこれ言われたことはなかった。関西の大会で勝ち上がったときも、両親が応援に来たという記憶がない。

僕も大人びた一面があって、何か困ることが起きたとしても、両親に助言を求めたことがなかった。小さいころから、そういうふうにして育ってきたので、かなり自立した子ども時代だった。

何をするにしても、全部自分で責任を持って決めてきたが、高校に進学するときだけは少し違った。

中学校の部活動は軟式野球部で、ポジションは1番ファースト。そこそこのレベルの部員が何人かいて、3年生のときに大阪市で4位になった。そんな僕に、野球が強い私立高校から勧誘があった。

そのときは、珍しくおふくろから「できれば普通の公立高校に行ってほしい」と言われた。勧誘に応じて私立の野球強豪校に進学すると、途中で大きなケガをして野球をやめざるを得なくなったら、高校自体を退学しなければならない。そうすると、大学にも進めなくなる、というのが理由だった。

高校を卒業して大学に進学するときには「就職して働いてほしい」とも言われた。大学進学率がまだ30%台と低かった時代。本当のところはわからないが、いまになって思えば、学費をどう捻出するかの問題も多少はあったと思う。

私立高校の勧誘の条件、たとえば学費の減免があったのかどうかなどは、一切聞いていなかった。「取りたいと言っている」という話くらいだった。ただ、おふくろから懇願された経緯もあり、僕は高校受験の志望校を選ぶ段階から、私立の野球強豪校を外して、公立高校に絞って進学を考えるようになった。

僕は小学生、中学生の間、ずっと中心選手として野球を続けてきた。強豪校が僕のどこに魅力を感じていたのかはわからないが、おそらくバッターとしてだと思う。

たった5人の弱小野球部へ

僕は結局、勧誘のあった私立の野球強豪校ではなく、野球ではまったく無名の大阪府立泉尾《いずお》高校（現大阪府立大正白稜高校）に進学した。はじめは、泉尾高校よりも野球が少しだけ強かった大阪府立市岡高校も選択肢として頭の中にあった。

ところが、中学校の担任の先生に「市岡高校に行きたい」と希望を話すと、「市岡高校に進学して野球をずっと続けると、勉強が大変になるぞ」と忠告された。文武両道で競争の激しい市岡高校だと、勉強と部活を両立させるのは難しいという意味だったと思う。

それで、先生の助言に素直に従い、第1志望校を泉尾高校に決めた。先生の親心だと思い、泉尾高校で野球と勉学の両方に励むほうが、多少は余裕があっていいのかなと思っての判断だった。

先生に「泉尾高校に野球部はありますか?」と聞くと、先生は「ある」と即答だった。「それなら、まあいいか」と思って泉尾高校を選ぶことにしたのだが、後に判明する大きな誤算があった。

泉尾高校を受験したときに「野球部は練習しているかな?」と思って、グラウンドをのぞいてみた。2人だけでキャッチボールをしている先輩がいた。絶対に合格できると確信を持っていたので、「今度、野球部に入りますから、よろしくお願いします」とあいさつして、キャッチボールに加えてもらった。すると、僕の投げたボールが速すぎて捕球できない。「うわーっ、こんなレベルなのか」と正直、愕然とした。

野球部員はわずか5人しかいなかった。2年生が2人に3年生が3人。これでは試合はできないし、満足に練習もできない。少しだまされた気持ちになった。

しかし、僕の学年は、幸運なことに最初は20人くらいが野球部に入部した。これで試合もできると心が躍った。みんなで練習して強くなろうと思ったのだが、夏までに10人に半減してしまった。やめた理由はよくわからないが、軽い気持ちで野球部の門をたたいていたのではないかと思う。残った10人のうち５人は、野球未経験者だった。中学ではバレーボール部だったり、ソフトボールをやっていたり、何もしていなかったり。甲子園を目指すなんて夢のまた夢、という初心者が大半のチームだった。

大阪市大正区にあった泉尾高校は、もともとは旧制の高等女学校として創立された。戦後に男女共学となったが、野球部もそれほど伝統や歴史があるわけではなかった。環境面でもハンデがあり、高校のグラウンドは広くなく、ほかの運動部と共用だった。守備位置に野手を置き、試合の場面を想定して行なう実戦的なシートノックは、やった覚えがない。

そんな状況だったから、大阪府内で少し名前が通った学校に練習試合を申し込んでも、ほとんど断られた。それが悔しくて「公式戦で勝つしかない」と胸の奥で誓った。無名校の弱小野球部だからこそ、「なにくそ！」と反骨心が湧いてきた。

自分自身、リトルリーグでプレーしていたときに全国の大会に出場し、準優勝したというプライドを持っていた。僕の中では、それが心の支えになっていた。同じ年代なら、全国でもトップクラスにいるというのが、見えていた。

だから、どこで野球をしていても、自分が頑張ればどうにかなるのではないかという自信があった。どうにかして、練習試合を断った学校を見返してやりたい。多くの球児にとっての憧れである高校野球の聖地、阪神甲子園球場（兵庫県西宮市）を目指す前に、強豪校を倒したかった。努力をすれば、可能だとも信じていた。

戦力に乏しい現状を嘆くのではなく、どうすれば上に行けるかを考える。楽天の初代監督時代につながる経験を高校時代にしていたともいえる。

しかし、野球はチームスポーツ。一人ですべてを変えるということは難しい。同学年の部員たちのなかで、野球での成功体験を持っている選手は、ほかには誰もいなかった。「やっぱり野球の強豪校は、うちみたいな弱小野球部とはまったく違う」という固定観念に縛られていたから、試合をする前から気持ちの部分で負けていた。だから、何度もチームメイトを前に「そんなことはない」と訴えて意識改革に努めた。

僕は中学校時代同様に、最初はファーストを守っていた。3年生が卒業してピッチャーがいなくなり、マウンドに立つようになった。

1年生のときの夏、1969年の第51回全国高校野球選手権大会大阪大会は、3年生のピッチャーが中心だったが、ボロボロだった。1回戦で私立の上宮高校に0－17の5回コールド負けを喫した。

ただ、そこから弱点を克服するため、いろいろな練習メニューを自分たちで考えて取り組んだ。使えるグラウンドの広さに限りがあるため、できることをするというのが、メニューの主眼。ノックをして素振りをして……。できることには限りがあったが、一生懸命に取り組んだ。みんな強くなりたいと思っていた。

もともと僕は、子どものころからなんでも自分でやるようにしていたが、そのときに自主性がかなり磨かれた。

野球部の監督が誰だったのか、あまりよく覚えていない。泉尾高校のＯＢで、関西の大学に通っていて、比較的自由に時間が取れる学生監督が練習に来て指導してくれていた。当然ながら、そんなにたくさんの指導方法の引き出しを持っているわけではない。だから、自分たちで練習メニューを考えるしかなかった。そうやってチームは徐々に強くなった。

部員がたくさんいて、環境の整った野球の強豪校に入っていたら、監督やコーチから一方的に押しつけられた練習のノルマを何も考えずに淡々とこなすだけで、「どうサボってやろうか」と考えるようになったかもしれない。

そう思うと、自分たちでなんとかするしかない弱い野球部だったから、さぼらずに成長できた部分もかなりある。

2年生になった1970年は大阪万博が開かれた年だ。しかし、会場のある大阪に住んでいながら、関心はあまりなかった。ニュースを通じて「月の石」が展示されていたり、太陽の塔がある万博記念公園（大阪府吹田市）が大勢の来場者で賑わっていたりしていることを知っていただけで、実際に訪れたことはない。とにかく、野球に打ち込んでいた。

同年夏に開催された第52回全国高校野球選手権大会大阪大会もしかし、壁は高かった。1回戦で阿倍野高校に12－4で大勝したが、2回戦で生野工業高校に1－3で敗退。またも早々に姿を消した。

しかし、1学年上の先輩たちが抜けたあと、2年生の秋以降は練習試合でもよく勝つようになった。僕たちに残されたのは高校3年の最後の夏だけ。泉尾高校は3番打者でエースだった僕を中心にとてもまとまったチームだったが、正直、ワンマンなところもあったかもしれない。実際、大げさではなく、僕のピッチャー、バッターとしての成長とともに強くなったチームだと思う。

そして、周りの仲間たちも必死に食らいついてきてくれた。最初から気持ちで負けていたチームメイトも、「試合をやってみないと、結果はわからない」とポジティブに考えるようになっていた。

　僕は打者としては2年生の秋から3年生の夏前まで、５割以上の打率を残していた。泉尾高校はエースの僕が投げて、自ら得点も稼ぐチームだった。しかし、野球はチームスポーツ。ワンマンでは限界があった。

　もともと僕は、球は速いが、あまりコントロールが良くなく、四球の多いピッチャーだった。１試合で10奪三振する代わりに、10四球を与えるようなピッチャーだった。

　しかし、だんだんと制球力がついて四球の数が減り、失点も少なくなった。すると、守る野手のほうも１つのエラーが目立つようになる。たくさん点を取られるなかでは、エラーをしても「まあいいだろう」といった雰囲気があったが、僕がピッチャーとして成長するにつれて、１つのエラーが試合の流れを左右するようになった。

　エラーをした野手が、周りのチームメイトから「なんであんなエラーをするんだ」と叱咤されるようになり、たまらずに「ちょっとノックをしてほしい」と自分から言いだすようになった。

　守備の特訓をして、２００本ノックを受ける。猛練習で泥んこになって、うまくなる。1年のときから目指し続けてきた「意識改革」がみんなに浸透し、チーム一丸で戦う集団へと変貌を遂げていくようになった。本当に青春ドラマのようなチームだった。

中学の野球部のエースは市岡高校に進学していた。高校時代に何度か対戦したが、僕ら泉尾高校はほとんど負けたことがなかった。入学前の両校の評価を、逆転させたわけだ。

高校最後の夏の快進撃

高校最後の夏、1971年の第53回全国高校野球選手権大会大阪大会。

優勝候補の大本命は、春の選抜高校野球大会で甲子園に出場して8強入りしていた近畿大学附属高校（近大附属）だった。

僕たちは組み合わせ抽選の結果、2回戦で近大附属と当たることになってしまった。対戦相手を知ったキャッチャーの選手は「うわー、終わった」と言って腰砕けになっていた。

僕が1年生のときは1回戦負け、2年生のときも2回戦で敗退した。しかし、3年生のときは、くじ運が良ければ、もっと上まで行けるかもしれないという期待がチームにあった。

それまでの泉尾高校の最高成績は4回戦止まり。大会前にどこかの新聞で「ベスト4の力がある」と紹介されるほどになっていたが、僕たちが大会前に掲げた目標は4回戦突破。歴史を塗り替える可能性があると思っていたのに、2回戦でまさか近大附属と対戦することになったショックは、大きかった。

しかし、1回戦で此花商業高校（現大阪偕星学園高校）を3－2の接戦で下すと、2回戦では、その近大附属に4－0で勝つことができた。僕の調子もこれまでで最高といえるほどに良く、3安打完封。どういう流れで得点が入ったのかは覚えていないが、たしか、新聞にも記事と写真が載ったように思う。そこからチームは一気に波に乗った。

3回戦は春日丘高校に1－0の1安打完封勝ち。4回戦は北陽高校（現関西大学北陽高校）に5－2で勝ち、準々決勝は大阪商業大学附属高校（現大阪商業大学高校）に3－2の逆転勝ち。私立の強豪校を次々と破った。

あとで聞いた話だが、泉尾高校の快進撃を受け、いろいろな人が球場に応援に来てくれていたそうだ。最後は準決勝で浪商高校（現大阪体育大学浪商高校）に1－9で負けた。このときはもう、マウンドに立ち続けた僕の肩が、全然動かないくらい痛かった。

それまで、僕は連投を経験したことがほとんどなかった。土日に続けて練習試合があるときは、土曜日に僕が投げ、日曜日は普段はセンターを守っている控えピッチャーが先発する。日曜日に僕が投げるにしても、試合の終わりのほうの短いイニングだけだった。

僕は登板間隔を空けないと速い球が投げられないタイプのピッチャーだった。登板後に肩や肘を冷やして炎症や痛みを抑制するアイシングなどの知識もなかったし、一度もそういうケアをしたことがなかった。それなのに、次々と勝って連投が続いた。正直、うちのチームが準決勝まで勝ち進めるとは、思わなかった。

ただ、試合日程にもう少し余裕があり、肩の消耗が回復していれば、浪商高校にも勝つ自信はあった。

仮定の話になるが、日本高校野球連盟（高野連）が2020年から設けている「1人のピッチャーが投球できる総数は1週間で500球以内とする」との投球数制限が当時からルール化されていたら、僕一人で投げ抜くことはできず、層の薄い泉尾高校が4強まで勝ち進むこともなかったと思う。

高校生のピッチャーが肩や肘を酷使したとしても、その後の野球人生にどんな影響を及ぼすのかの知見がまだなく、エースの連投が許されていた時代だったから、泉尾高校は快進撃ができたともいえる。

もちろん、仲間の頑張りもあった。高校最後の夏は6試合を戦って、僕のヒットは3本だけだった。チームメイトたちが点を取ってくれて、勝ち上がることができた。みんな3年間で、見違えるほど成長していた。

幻となったプロ入りのオファー

後になって聞かされた話だが、僕のプレーに注目してくれていたプロ野球チームがあった。広島東洋カープで、実際に誘いの声がかかっていたそうだ。しかし、泉尾高校の野球部の部長は当時、僕にその話は一切、してくれなかった。

ずいぶん後になって「プロに入る意思はあるか?」という打診がきていたが、田尾は大学に行くと言っていたので、耳には入れなかった」と聞かされた。僕自身は大学進学の希望を持っていたが、その話を聞いていたら進路を変えていたかもしれない。

高校野球を終えた僕が見据えたのは、大学進学だった。できれば野球も続けたいと思っていた。

僕が大学に行きたかった理由は、野球がしたかったことがすべてではない。社会に出て何をやりたいかを見つけるための猶予期間（モラトリアム）をもらいたかった。あらかじめ、どんな職業に就きたいとか、何をしたいとかの夢があったわけではない。

早稲田大学に進学していた2つ上の野球部の先輩からも「うちの大学に来いよ」と勧誘されたが、断わった。実家から遠いのが一番の理由だった。だから、関西の大学のほうがいいという気持ちがあった。

こうしたなか、泉尾高校の野球部のOBが同志社大学に在学していて、当時の大学野球部の4年生のピッチャーと仲が良かった。夏の大会が終わって、その人が僕に声をかけてくれた。橋渡し役になってくれて、「そういう選手が高校の後輩におるんだったら、一度、大学の練習に来たらどうか」という話がまとまった。それで、同志社大学野球部の「大鷺寮」に1泊させてもらい、2日間練習に参加した。

同志社大学は関西の名門だが、練習に参加した僕が投手として投げると、誰も打てない。打席に立てば、センターオーバーとライトオーバー。僕にも自信が芽生えた。

監督の渡辺博之さんからは、「とにかく同志社大学を受験してくれ。ただ、推薦制度は利用できないから、しっかり勉強してほしい」と言われた。

高校受験時に「文武両方で頑張れるように」と泉尾高校に進んで勉強もやってきた。だから、一般入試の形で同志社大学に進学することに決めた。

関西では「関関同立」（関西学院大、関西大、同志社大、立命館大）は私学の名門として知られる。

僕は「現役で合格できなければ、浪人してもいい」と覚悟を決め、受験勉強に取り組んだ。日々の野球の練習で体が疲れているから、夕食をとって風呂に入った後はすぐに就寝する。自然と夜中の2時か3時ごろに目が覚め、そこから朝まで勉強をすると、頭もすっきりして集中できた。まったく独自の勉強法だった。

早朝に放送されていたラジオ講座も学習に活用した。そこで取り組んだ問題が、偶然ながら入試で出た。そうしたやり方が僕には合っていたようで、同志社大学に現役で合格することができた。

大学進学に際しては、我が家の家計にそれほど余裕がないことを知っていたので、入学金や授業料を払えないのであれば、知り合いを頼って「スポンサー」になってくれる人を探して借金をし、将来、返すしかないとも考えていた。

しかし、おやじが郷里の香川県に持っていたわずかな土地を売って、なんとか工面してくれた。母親が「就職してくれ」と言っていた気持ちもわかる。

自分のやりたいことをやらせてくれ、最後にはお金もなんとか捻出してくれた。大学に進学させてくれた両親には、感謝の言葉しかない。

　そのころは将来、プロ野球選手を目指すことになるとは、まったく想像もしていなかった。

　両親のおかげで、同志社大学に進学して野球を続けられたことが、その後の人生に結び付いている。結局、僕は家族に支えられ、ここまで生きてきたのだとつくづく思う。

第3章

野球に打ち込めた大学の環境

授業と練習の両立に〝奔走〟

念願かなって、進学した同志社大学では文学部社会学科で学んだ。日本新薬の社長だった前川重信さんが文学部で同学年だった。

何年か前に、日本新薬の野球部でコーチをしていた元近鉄の吹石徳一から、「同志社大学で同級生だった前川さんが会いたがっているから、ちょっと来てくれないか?」と誘われ、前川さんと会食することになった。

前川さんに「大学時代に会ったことがあるのを、覚えているか?」と尋ねられたが、じつはまったく覚えていなかった。「野球部の部員は授業にはあまり出ていないしな」と言われたが、僕は授業にはかなり出ていたほうだと思う。実際、僕は3年生までに卒業に必要な単位はすべて取得することができた。

いまは週休2日が大学も企業も一般的だが、当時の大学は、土曜日は休みではなく、通常の授業が行なわれていた。一方で、野球部の試合は、リーグ戦などのほとんどが土日にあった。僕は土曜日も授業を取っていたので、これには困ってしまった。

入部して最初の春の大会では、授業を優先して、土曜日の試合に行かなかったことがあった。

同志社大学は関西屈指の強豪だったが、当時の部員数は1〜4年で25人と少数精鋭だった。1年生でも実力次第でベンチ入りができた。僕自身、大学の練習に参加したときに好感触を得ていたとはいえ、入学直後は試合に出してもらえるレベルには達していなかった。大会に行っても、どうせ試合には出られないし、戦力にもならない。それなら、「大学に授業を受けに行ったほうが自分のためになる」と考えたのだ。

ところが、試合を休んで授業に出た夜に、野球部の先輩から連絡があった。「試合の日はちゃんと来い」と怒られたのだ。当時の野球部の上下関係は厳しかったので、逆らうことはできなかった。

授業を受ける大学のキャンパスは京都市上京区の今出川にあった。京都御所にほど近い市街地だ。一方、野球部の「大鷺寮」や練習場は少し離れた岩倉（京都市左京区）だった。

授業も受けたいし、練習もしたい。僕は授業が終わったらすぐ、岩倉に向かう叡山電車に間に合うように、急いで始発駅の出町柳駅に向かったり、路線バスに乗り遅れないように走ったりした。

授業も楽しかったのだが、一方で野球の練習もしたかったのだ。僕にとっては、同志社大学の授業と練習の両方が楽しかった。

当時の大学は大学闘争の時代がほぼ終わり、自由な雰囲気があった。しかし、僕には「どこかで時間をつぶして、ゆっくり練習に行こう」なんて気持ちは、まったくなかった。公立の泉尾高校という、練習をしたくても満足にできない環境で高校時代を過ごしたから、思う存分に練習できるのがうれしかった。

泉尾高校では、同じグラウンドのライト側でソフトボール部、センター側ではバレーボール部が練習していた。さらに、サッカー部がいて、ラグビー部がいて、陸上部がいて……。みんなが同じグラウンドで練習しているため、野球部は内野部分しか使えない。だからバッティング練習は、毎日はできない。週2回くらいしかボールを打てなかった。

そうした不自由な練習環境に比べると、野球部専用のグラウンドがある同志社大学は、野球に打ち込める夢のような環境だった。だから、早くグラウンドに行って、たっぷり練習したかった。

同学年の野球部員は7～8人いて、約半分が甲子園経験者だった。甲子園に出た部員は、高いプライドを持っていた。彼らはいわば、「野球エリート」として同志社大学に入学してきたわけだから、当然だろう。

華やかな経歴を持つチームメイトたちには、絶対に負けたくないと思っていた。高校時代もそうだったが、僕は反骨の気持ちをバネにして這い上がるタイプだった。

当初、ピッチャーだった僕は、野手陣とは別メニューでランニングをすることも多かった。自主トレーニングで夜に10キロのランニングを課し、手を抜かずにやり抜いた。

僕がいたころの同志社大学野球部では、下級生は毎日、大鷺寮の掃除をしなければならなかった。いまの時代だと、問題視されるかもしれないが、クモの巣が１本でも張っていたら１週間外出禁止というルールもあった。しかし、そういう厳しさのなかで、あいさつや礼儀の大切さを学んだ。

大学時代の僕には「元日の儀式」もあった。僕は大みそかを大鷺寮で過ごし、元日に一人で比叡山に登っていた。比叡山は京都府と滋賀県の境に位置する、標高８４８・３メートルの霊峰である。寮で生活しているほかの部員たちはみんな、とっくに帰省していて、誰も残っていない。

寮からしばらく行ったところに、八瀬（京都市左京区）と比叡山を結ぶ有名なケーブル鉄道がある。元日の朝から、そのケーブル鉄道の横のほうの道なき道をずっとまっすぐに歩いて上がった。体力的にはきつかったが、比叡山の頂上まで登って、冷たい空気に触れることで「よし、今年も頑張るぞ」と自分に言い聞かせることができた。

眼下に広がる「下界」で、日々苦しみながら野球に取り組んでいる。それを年頭のすがすがしい雰囲気の中で、頂上から眺めるのだ。すると、「昨年はよく頑張った」と思えるし、「今年も頑張れ」とも思える。そういう新たな気持ちになる「儀式」だった。

大学3年生のときに始めたその「行事」を、卒業後も続けた。

プロ2年目までだったが、長いシーズンを振り返ると、思うようにいかなかったこともたくさんあった。そういうときには、人は自分を正当化し、誰かに責任を転嫁したくなるものだ。しかし、苦境を脱するには、自分が頑張るしかない。他人任せにせず、前向きな考えを持って歩んでいかなければならない。

そうありたいという願いを込めた「元日登山」でもあった。

大学2年生のときには、ふと思い立って大鷺寮から大阪市内の実家まで70キロ以上の距離を一人で走って帰ったこともある。交通量の多い国道1号線を延々と西に向かって走った。財布は寮に置いてきた。現金は1円も持っていなかった。

僕は何か、そういう黙々と一人で打ち込むような行動が好きなのかもしれない。2人以上で動くと、どこかで相手に合わせてしまい、易きに流されやすくなる。途中でリタイアする口実が生まれてしまう。一人だと、そういうことがないので、やり遂げられると思ったのだろう。

渡辺博之監督の「教えない」指導

練習の甲斐もあって、2試合だけだが、1年生の秋のリーグ戦から登板させてもらった。登板しないときは、たまに代打で打席に立つこともあった。ほかの同級生がどうだったのかは覚えていない。レギュラーになっている同級生はいなかったと思う。

僕は、体は大きくないし、がっちりもしていなかった。ただ、サウスポー（左腕）で球は速かった。当時の僕はピッチャー一本。大学2年生のときに、初めて日米大学野球選手権大会の日本代表チームに選ばれた。無名の公立高校でプレーしていたときには想像もできないことだった。

その後、同志社大学の野球部監督を務めていた渡辺博之さんが僕の打撃を評価してくれて、登板しないときは野手として別のポジションを守るようになった。主にファーストを守った。

渡辺さんの発案によって、投打の「二刀流」で出場する選手になったわけだ。

当時の同志社はかなり強かった。僕が2年生だった1973年春の関西六大学リーグ（旧連盟）は全勝優勝。秋も連覇を果たした。6月に全日本大学野球選手権大会に出場して4強入りし、11月の明治神宮野球大会でも準優勝した。明治神宮大会には、3年生のときも出場した。

2年生のときの同志社は投手陣が粒ぞろいだった。4年生にアンダースローのピッチャーがいて、2年生の僕が左投げでいて、1年生にオーソドックスな右投げのピッチャーがいた。誰が投げても負けない。誰が投げても勝てる。球速は3人のなかで僕がいちばん速かったので、大事な試合でよく起用してもらった。

3年生になると、ピッチャーをやりながらコンスタントに打席にも立つようになった。そして、春のリーグ戦で首位打者のタイトルを獲得した。打率は5割4分8厘。いまも関西学生リーグ（旧連盟含む）のリーグ記録として残っている。

しかし、「好事魔多し」というか、野球に打ち込んでいた僕は大きなケガに見舞われてしまった。1974年に東京・明治神宮野球場で行なわれた日米大学野球選手権大会のときのことだった。

僕はバッティングを買われて野手として試合に出場。ファーストを守っていた。すると、内野ゴロを放った米国チームの打者走者に頭から一塁に突っ込まれた。アメリカンフットボールもしている選手で、体重が１１０キロもあった。送球が少し本塁側にそれたので、僕は、体を伸ばして捕球しようとしたら、右足にガンと体ごとぶつかられた。しばらく歩けないほどの激痛に襲われた。

診断の結果は、右膝の内側側副靱帯の損傷。ケガの後遺症で、膝の血行はずっと悪いままになってしまった。いまも膝はあまり良くないが、野球をやめるときは、これが原因でやめることになるかもしれないと思うぐらい悪い状態だった。

膝に関しては、中日の主砲だった谷沢健一さんのアキレス腱を治療したことで知られる、小山田秀雄さんに施術してもらい、ずいぶん良くなった。

小山田さんは陸軍中野学校の前身、特務機関の元諜報部員で、戦時中に活動していた上海近郊で捕らわれの身となり、拷問を受けた。看守に「死ぬ前に何か欲しい物はないか」と聞かれてリクエストした日本酒を体に擦り込んで体を回復させ、脱獄に成功したという壮絶な経験の持ち主だった。終戦後に自身の体験をもとに、酒を体に擦り込んで指圧する

「酒マッサージ」を考案し、独学で治療の活動を始められた人だ。

ともあれ、大学時代の僕は打撃が開花して、膝を痛めた後の3年秋のリーグ戦も、打率4割4厘で首位打者になった。そのころになると、ピッチングよりもバッティングのほうが注目されるようになっていた。

僕の打撃力向上の背景に、監督の渡辺さんの存在は欠かせなかったと思っている。渡辺さんは指導者としても一流だが、現役時代の実績も輝かしい。阪神の前身である大阪タイガースに入団して1954年に打点王を獲得。同年の打率はリーグ2位の3割5分3厘で、中日の監督になった与那嶺要さんと首位打者争いを繰り広げた。

現役を引退し、1961年に同志社大学野球部の監督に就任すると、長年にわたって野球部を指揮してきた。同志社大学の教壇にも立たれ、講師からスタートして、工学部の教授にもなられた。

渡辺さんがすごいと思うのは、プロで結果を残した元選手にもかかわらず、あれこれと教えすぎなかったことだ。僕は渡辺さんから、バッティングの技術指導を一度も受けたことがない。そこには、渡辺さんの「打てているバッティングがいちばんいいんだ。それは、直す必要がない」という持論があった。

当時の僕のバッティングフォームは、左脇がすごく開く、まるで外国人選手のような構えをしていた（一般的に後ろの脇が開くと、ドアスイングになりやすく、スイングスピードが遅くなりがちだとされる）。何か理由があってそういうフォームにしていたのではなく、自然とそうなっていた。

おそらく、普通のコーチだったら手を入れてしまうだろう。しかし、渡辺さんのように多くのことを経験して本質を見る目を持っている人は、余計なことはしない。結果が出ている選手の良さをそのまま生かし、伸ばすことができる。

僕は体もそんなに大きくなかったので、並のコーチなら「ピッチャーの足元を狙え。センター前に抜けるような打球を打て」と指導してしまいがちだ。じつは、プロに入った最初に、それを言われた。その結果、ちょっと小さいバッティングになってしまった。いま考えると、残念だった。

のちに阪神で一緒にプレーした掛布雅之や岡田彰布（2023年シーズンより阪神監督）、真弓明信はみんな、ホームランを狙える長打力が魅力のバッターだった。しかし、背格好は身長173センチの僕とそんなに変わらない。背筋は僕のほうがだいぶん強かった。

掛布は本塁打王に3度輝き、岡田も通算247本塁打、真弓は292本塁打を放っている。僕は16年のプロ生活で計149本塁打。そう考えると、僕ももっと大きい打球、長打が打てるバッターになっていてもおかしくなかった。

プロに入ってから、最初のコーチに「ピッチャーの足元にゴロを打て」と指導されたため、センター前に抜ける単打狙いのスタイルになってしまった。もったいないことをした。

コーチの指導の良し悪しは、選手の人生に大きな影響を及ぼす。とくにプロに入って1年目、2年目の若い選手、それも高校から入ってきた選手にとっては、最初に出会うコーチの存在はすごく大きい。その部分を、いまのプロ野球の球団は少し疎かにしすぎているのではないかと危惧している。

福岡ソフトバンクホークス監督の藤本博史が三軍を率いている時期に、こんな話を聞いた。ソフトバンクでは、キャンプイン前に一軍から三軍の全コーチが集まって会議を開き、新入団選手には技術的なアドバイスをしないことを示し合わせていたそうだ。

選手はそれぞれ、高校や大学、社会人で活躍し、自信を持ってプロの世界に入ってくる。まずは、選手たちに思いどおりのバッティングやピッチングをさせ、壁にぶつかって助言を求めてきたときに初めて教える。それをチームの指導方針として徹底しているのだという。

プロになってすぐに、それまでの打撃フォームや投球フォーム、考え方を変えても、結果が出るとは限らない。「あのコーチの言うことを聞いて、失敗した」。そう後悔しながら、成功できずにユニフォームを脱いだ選手を何人も知っている。

選手にとってはもちろん、コーチの言葉に聞く耳を持つのは大切だ。しかし、実践するかどうかは自分自身で決めるべきだし、プロなのだから、球団側も決める自由を選手に与えるべきだと思う。

現役時代に選手として実績を残しているからといって、いい指導ができるわけではない。往々にしてダメなケースがある。

自信のないコーチほど、球団の上層部に認めてもらおうと若い選手をつかまえ、あれこれと教えたがるもの。しかし、「教え魔」はかえって選手が伸びる妨げとなる。それは、チームにとってもマイナスということ。

ソフトバンクがチーム全体で、まずは自分の思いどおりにプレーさせてみる指導法を実践しているのは、素晴らしい。こういう柔軟な指導法がもっと、野球界全体に広まればいいと思う。

退路を断ってプロの道に

僕が人生の選択肢として、プロ野球を意識するようになったのは、大学3年生の秋のことだった。

前年の1973年に大学2年生で大学日本代表のメンバーに初めて入り、一緒に米国遠征した2学年上の山下大輔さん（慶應義塾大学→大洋ホエールズ＝現横浜ＤｅＮＡベイスターズ）、藤波行雄さん（中央大学→中日）、佐野仙好さん（中央大学→阪神）らが1年目からプロで活躍している姿を見て、「自分もプロで充分にできるのではないか」との思いが芽生えたのだ。

進路を決める段階でも、監督の渡辺さんの影響はかなり大きかった。プロに行くときに求められた「潔さ」は、やっぱり渡辺さんならではだと思う。

１９７５年、僕は大学4年生になっていた。大学4年間の通算成績は、投手として35試合に登板して、14勝3敗、防御率2・1点。野手として70試合に出場し、打率3割7分0厘、10本塁打だった。

当時の大卒公務員の初任給は約8万円、かけそばは1杯200円だった。生活の安定を重視してプロに行かず、社会人でのプレーを選択する選手も少なくなかった。

そういうご時世で、卒業後の進路を決めなければならなくなったときに、渡辺さんに「どうするんだ?」と聞かれた。僕が「プロに行きたいんです」と希望を伝えると、「田尾は、(プロでもアマチュアでも)どちらでも好きなほうにしたらいい」と意思決定を任せてくれた。

僕の1学年上には、一緒にバッテリーを組んでいて、阪神入りしたキャッチャーの笹本信二さんがいた。ところが、僕よりも学年が上の笹本さんたちが「プロに行きたい」と渡辺さんに相談したときには、誰に対しても「行けばいい」と言ったことはなかったそうだ。「全員に『やめとけ』と言った。田尾、おまえが初めて『どっちでもいい』と言った人間だ」とおっしゃっていただいた。

渡辺さんの考え方には「プロでプレーする、成功するというのは、一軍に上がることではない」という評価軸が存在していた。「3年続けて結果を残し、ファンの人たちから認められたときが、本当にレギュラーになったときだ」と力説されていたことを思い出す。「本物のレギュラーになれるかどうか。そういうレベルで能力を考えたときに、田尾だったらやれるかもしれないと思えたから、『どっちでもいい』と言ったんだ」と後になって説明を受けた。

渡辺さんが僕をそこまで評価してくれたのは、リーグ戦などでの結果もさることながら、僕が真摯に野球に取り組み続けた姿を知っていたからではないかと思う。だから、僕自身はそんなにやりたかったわけではないが、キャプテンも任されていた。

うちのおふくろが進路について渡辺さんに相談したときも、「プロに行けるでしょう」と太鼓判を押してくれたそうだ。

渡辺さんからは、「ドラフト会議（新人選手選択会議）の前に、勧誘に来ている社会人野球の人たちに全部お断りを入れろ。プロとアマチュアをてんびんにかけるな」とも、きつく言い渡された。

ドラフト会議で指名してくれる球団が意中のチームならプロに行き、そうでないチームならアマチュアの社会人にお世話になる、というような様子見はやめるようにと、厳しく注意されたのだ。

「プロかアマチュアか、どちらか片方を選ぶしか、おまえの選択肢はないんだぞ」。そう諭された。「パ・リーグの球団に指名されても、行く気があるのか？」とも尋ねられた。

いまでこそ、パ・リーグの球団もたくさんのお客さんで賑わうようになっているが、当時はファンが少なく、球場のスタンドも空席が目立っていた。

「人気のセ（・リーグ）、実力のパ」と聞けば、実力があっていいように聞こえるが、実際にプレーする選手には寂しさもあっただろう。そういう人気のない球団に指名されても、プロ野球選手になる気があるのかを聞かれて、僕が「あります」と答えると、「よし、わかった」と納得してもらえた。

渡辺さんに言われたとおり、ドラフト会議の前に、社会人野球のチームはすべてお断りした。かなり熱心に誘ってくれて、1年目からプレーイングマネジャー、監督兼選手という破格の条件を提示するチームもあった。

名伯楽として知られる渡辺さんの下で野球をやっているし、しかもキャプテン兼4番打者。4年生のときには故障でほとんど投げていなかったが、ピッチャーをしていた経験もある。「この選手なら絶対に大丈夫だ」と評価してくれたようだ。

渡辺さんは厳しい監督だったから、「渡辺さんが認めたのなら、間違いない」という判断基準も働いていたのだろう。

とてもありがたい話だったが、渡辺さんからプロを選ぶ覚悟について厳しく言われていた僕は直接、会社に出向いて「今回は、プロで一度やらせてください」とお断りした。

僕は大学を卒業してプロになってからも、尊敬する恩師である渡辺さんのもとに新年のあいさつに必ず訪れるようにしていた。

中日に入団する際には、「プロになったら、ただ飯、ただ飲みはするな。自分のふんどしで相撲を取れ」との金言をいただいた。

人気球団の阪神でプロ生活を送られた経験があったので、「タニマチ」などにちやほやされて若い選手が勘違いしてしまう「落とし穴」をよくご存じだったのだと思う。

「契約に『引退後の就職先の保証』といった付帯条件はつけるな。球団は野球選手として1年、1シーズンの契約をしてくれるだけだ。選手として解雇されたら、すんなりと（大学に）帰ってこい」とも言っていただいた。

甘い考えを持っているとプロとして大成できないという意味に解釈した。

渡辺さんには、女房と結婚するときの仲人にもなってもらった。女房は渡辺さんを「京都のお父さん」と呼んで慕っていた。私生活の部分を含め、本当にたくさんのことを教えていただいた。1990年にご夫婦で亡くなられたときは、びっくりした。すごく図太い神経の人だったので、突然の訃報には驚かされた。

運命のドラフト会議、まさかの中日入り

僕がプロ入りすることになる１９７５年11月18日に開かれたドラフト会議の指名順は、変則ウエーバー方式だった。予備抽選の結果により、1位選手の指名順はパ・リーグのロッテオリオンズ（現千葉ロッテマリーンズ）から始まり、中日が9番目、次の10番目が広島だった。

その年にセ・リーグで初優勝した広島は真っ先に「指名したい」と僕にアプローチしてきた球団だった。高校卒業時にも打診をしてくれていたことは前に書いたが、ずっと注目してくれていたのかもしれない。どこまで本当かはわからないが、「ポジションを空けている」というような熱意で誘ってくれていた。

指名順7番目の巨人も少しは可能性があるかなと思っていたが、千葉・銚子商業高校の篠塚和典（当時は利夫）を1位指名した。

巨人の指名もあるかなと思った理由は、大学4年生のときに日米大学野球選手権大会の大学日本代表メンバーに選ばれて渡米する直前に、巨人の監督1年目だった長嶋茂雄さん

の自宅を訪れたことがあったからだ。

このとき、2学年下で法政大学の剛腕ピッチャーだった江川卓（のちに巨人入り）と共に、長嶋さんと懇意にされていた雑誌社のカメラマンの紹介で、お会いするご縁に恵まれたのだ。

背番号「3」が永久欠番にもなっている長嶋さんは巨人の大スターで、僕にとっても小さいころからの憧れの人だった。突然の訪問だったが、長嶋さんには快く応対していただいた。長嶋さんに「一回、バットを振ってみろ」と言われて、長嶋さんの自宅の地下室に行ってバットを振らせてもらった。

米国遠征へは、その日の晩に出発する予定だった。そのことをお伝えすると、帰り際に僕と江川に500ドルずつお小遣いを渡してくれた。すでに「1ドル＝360円」の固定相場制から変動相場制となっていたが、当時の1ドルは300円ちょっとの価値があった。自宅に地下室があったり、米ドル札が備えてあったりと、大学生の僕には信じられない生活だった。

江川はよっぽど感激したのか、後に長嶋さんにならって、自宅を訪ねてきた法政大学の後輩に、米ドルで小遣いをあげたそうだ。それ以来、江川とはずっと縁が続いている。江

同年代のスター江川卓と共に、
長嶋茂雄さん宅を訪問した

同志社大学時代、渡辺博之監督の助言で投手
と打者の"二刀流"に挑戦した

川は米国遠征に向かう航空機で知り合った客室乗務員の女性と結婚した。

江川には、僕が楽天の監督のとき、軽い気持ちでヘッドコーチを打診したこともある。現役を引退してから、一度も指導者としてユニフォームを着ていない江川だから絶対に受けないだろうなと思いながら、ダメ元での打診だったが、楽天のユニフォームを着ることはなかった。

余談になるが、巨人という球団と接していると、「球界の盟主」としての意識の高さに随所で気づかされる。自分たちのチームのことだけではなく、常に野球界全体の発展を念頭に置いているんだなと感心させられる。

僕が評論家になって間もないころ、巨人を率いていた長嶋さんに「今年の阪神タイガースはどうだね?」と聞かれたことがある。僕が「今年は厳しいと思います」と正直に自分の考えを伝えると、長嶋さんは「それは困ったね。タイガースが強くないと盛り上がらない」と感想を口にされた。

巨人の指揮官の立場から考えると、他球団は弱いほうが有利なはずだが、自分たちが良ければいいという利己的な発想ではないのだろう。最終的には巨人が日本一になるにしても、伝統の一戦の相手である阪神が手ごわい存在でなければペナントレースが盛り上がらない。長嶋さんはもっと広い視野で野球界全体を見ていたのだろう。

長嶋さんはアテネ五輪日本代表監督に就任しながら、２００４年に脳梗塞（心原性脳塞栓症）で倒れられた。それでも、その後も巨人の終身名誉監督として精いっぱい活動され、野球界という枠を飛び越えた存在として国民栄誉賞も受賞している。いつも、長嶋さんの立ち居振る舞いには野球界のためになるならという意識が表われている気がする。

見ず知らずの大学生である僕と江川をなんのためらいもなく受け入れていただいたのも、そういう「将来の野球界のために」という気持ちが表われていたように思う。

ドラフト会議に話を戻すと、本音では、指名順10番目の広島まで僕の名前が指名されずに残っていてほしいと、少しだけ思っていた。

だが、思いもよらぬ展開になった。広島のひとつ前、指名順9番目の中日が僕を指名したのだ。中日の指名は一切、頭になかった。当時の中日は外野陣が充実していたので、自分が指名されるとは思ってもいなかったのだ。とはいえ、渡辺さんに「どこに指名されても行く」と約束していた。

1位指名してくれた中日のスカウト、法元英明さんとは、ドラフト会議の前は、一度も会ったことがなかった。だから、入団交渉のときに、契約金はいくら、年俸はいくら、と言われ、僕はその場で「はい、わかりました」と言って、1分ぐらいで中日への入団が決まった。

当時のプロ野球の入団の条件は2年前の1973年まで、球団間の話し合いにより、新人の契約金は最高1000万円、年俸180万円の取り決めがあった。1975年はその上限がなくなり、契約金、年俸とも上がっていた。僕の契約金は2800万円、年俸は280万円だった。

いまは大卒新人の年俸は、1位指名選手だと約1500万円が相場。契約金は1億円プラス出来高払い5000万円が最高額で、物価の上昇を勘案しても、当時とは雲泥の差である。それだけ、プロ野球選手のステータスが上がったということだと思う。

プロ入り時からお金への頓着があまりなかった僕にとっては、充分な金額だった。

こうして、大学進学時には想像もしていなかったプロ野球への道が開かれた。

第4章

中日へ入団、プロ1年生から強打者へ

仙さんの茶わん投げに感じたプロ意識

1975年秋のドラフト会議（新人選手選択会議）で指名され、プロ入りした同期には、大洋に1位入団した中央大学の田村政雄や、巨人に3位指名された駒澤大学の中畑清、南海ホークス（現ソフトバンク）に1位指名された近畿大学のエース、森口益光らがいた。田村は右のアンダースローのピッチャーで、大学日本代表のエースだったが、プロでは実働5年の9勝に終わった。中畑は巨人の中心打者として活躍し、引退後はプロ野球解説者やDeNAの監督として存在感を発揮した。森口は泉尾高校時代にも対戦しているし、関西六大学リーグ（旧連盟）でもライバルだった。プロで13年過ごし、27勝を挙げた。

高校や社会人からプロ入りした人も含めると、同年代には真弓明信（電電九州→太平洋クラブライオンズ＝現埼玉西武ライオンズ）や、三冠王を3度達成した落合博満（東芝府中→ロッテ）、近鉄や日本ハム、楽天で監督を務めた梨田昌孝（島根県立浜田高校→近鉄）らがいる。

本当に多士済々で、1953（昭和28）年度生まれの選手たちで親睦団体「プロ野球28

会」をつくってチャリティー活動などを行なっている。2022年12月に集まったときに、何人か体調が思わしくないメンバーもいたが、そういう年齢になってきたということだと思う。

中日の同期入団では、2位の美口博は高知県立中村高校から入ってきたピッチャーだったが、交通事故で大腿骨を折って現役を引退した。その後、親会社の中日新聞社に入社した。3位の「青エンピツ」と呼ばれた青山久人は愛知県立国府高校からの入団。細い体だったが、素晴らしいボールを投げていた。4位は引退後に球団職員となった社会人・西濃運輸出身のピッチャー、早川実さん。監督となった星野仙一さんの下で監督付広報、運転手なども務めた。

5位が中央大学出身で同学年の福田功。強肩の捕手としてプロ入りしたが、肩を痛めて引退した。一軍登録は一度もなかったが、マネージャーやコーチなどの役割を与えられ、40年以上もプロ野球に携わってきた人物だ。ユニフォーム組、背広組それぞれの立場で長い間、力を発揮できたのは、優れた能力や適性があった証拠だと思う。6位は日本通運浦和から入団した内野手の関東孝雄さんだった。

同期入団はみんな仲が良かった。

中日の選手寮「昇竜館」は、当時は名古屋市中村区にあった（現在はナゴヤ球場＝名古屋市中川区の隣接地に移転）。練習場はいまのバンテリンドームナゴヤ（名古屋市東区）に近いところにあった大幸球場。選手たちはタクシーで40分かけて通っていた。

ただ、寮には小さいながらも室内練習場が併設されており、やる気さえあれば、いくらでも野球に没頭できた。畳が敷かれた部屋は一人部屋で6畳ほどの広さ。ベッドとオーディオセットを置くと空いたスペースはあまりなかったが、相部屋だった同志社大学時代とは違って、一人で使うことができた。

食事も驚くほど豪勢だった。入寮した最初の日のメニューを見て「きょうは何かお祝いの日なのかな？」「僕のために特別に作ってくれたのかな？」と勘違いしたくらいだった。

プロ1年目は遊びに行く必要なんかなかった。だから、僕は信頼して寮母さんに貯金通帳も全部預けていた。年俸は12分割で毎月支払われていた。プロはグラウンドで結果を出すことがなにより。大学時代のように寮の共用部分の掃除をする必要もなかった。若手の僕たちの面倒を見てくれたのは、寮長の岩本信一さんだった。

若手が野球に集中して、結果を出せるように私生活にも目を配るのが寮長の仕事だったが、僕にはそんなに厳しくなかった。門限まであと1時間くらいのタイミングで徳武定祐コーチに呼び出されて飲みに行くこともあったが、その旨を岩本寮長に相談すると、「あそこの寿司が食いたいな」と言われ、手土産を持って帰れば許してもらえた。

僕にとっては、「ずっと寮で暮らしたい」と思えるほど、快適な生活だった。

新人選手は、高卒は4年、大卒は2年間入寮できたが、僕はお願いして3年間、寮生活を送らせてもらった。ナイターの試合が終わってからの食事をどうするかなども考えると、寮で暮らすほうがいいと思ったからだった。

プロ生活のスタートにあたって、初心を忘れたくなかったことも理由だ。僕たちプロ野球選手は、ファンがたくさん入っている球場で、給料をもらって野球をしている。まだ結果も出していないのに自由で恵まれた環境に身を置くことで、もしかしたら、勘違いして天狗になってしまうかもしれない。だからこそ、寮で野球に集中したかった。

自ら志願して二軍へ

プロになるときに中日からもらった契約金2800万円は、育ててくれた両親に大半を渡した。やりたい野球を続けてきた僕を見守り、大学進学時にはなんとかお金を捻出してくれた感謝の気持ちがあった。「このお金は自分で稼いだわけではない。ここまで育ててくれた親のものだ」と思っていた。

そのお金を、両親は故郷に家を建てる資金にあてた。弟が高校時代に病気になり、その後は回復しているようだったが、生まれ育った大阪よりも、空気の良い田舎で暮らしたほうがいいのではないか、と考えて引っ越してもらったのだ。

僕は、名古屋で新生活を始める準備金として70万円だけもらい、布団、タンス、冷蔵庫、テレビ、それにオーディオセットを買った。音楽が好きだったので、オーディオセットにはこだわった。これだけ買えれば充分だった。もっと贅沢をしたければ、これからプロで活躍すればいいだけだと思っていた。

僕をドラフト1位で指名してくれた中日は、ピッチャーではなくバッターとして期待してくれていた。大学時代はファーストを守ることが多かったが、プロでは主に外野を守ることになった。

同志社大学時代、僕は外野守備や走塁に関してはほとんど練習したことがなかった。外野は練習中に遊びで少しだけ守った程度で、試合で外野守備についた経験も3年、4年のときに少しあったくらいで、本格的なノックを受けたこともあまりなかった。

外野を守るようになったきっかけは、大学3年生の秋のリーグ戦の初戦で、ホームベースにヘッドスライディングして左肩を痛め、ほぼ1年間、投げられなくなったためだった。バッターとして結果を残していた僕を出場させるための対応だったので、試合のときはボールが飛んでくる確率の低いほうの守備位置についた。

たとえば、最初はレフトを守っていても、次の打者のときに、「この選手はレフトに打ちそうだ」となったら、ライトに移る。1イニングでレフト↓ライト↓レフトと変わったのを覚えている。肩も完治していなかったので、送球も下からしかできなかった。再びピッチャーとして復帰した4年生の秋のリーグ戦は数回の登板にとどまり、球速も故障前のレベルに戻っていなかった。

中日は肩に不安を抱えた状況にもかかわらず、粗い外野守備に目をつむり、バッティングに着目して、よくドラフト1位で指名してくれたものだ。

そんな状況でスタートした春季キャンプは、最初のころは送球もおぼつかなかったが、少しずつ良くなってきて、普通に投げられるようになった。

そんなとき、監督の与那嶺さんの僕に対するコメントが新聞に載っていて、愕然とした。「アンダースロー用の代打として期待している」と書いてあったからだ。僕自身は1

年目からレギュラーで打率3割を打つくらいの気持ちで中日に入ったので、最初から代打でしか期待されていないのかと悔しい気持ちになった。これは結果を出して、評価を覆すしかないと強い決意で1年目のグラウンドに立った。

シーズンが始まってみると、最初はやはり代打での起用が多かった。4月7日の阪神戦の2回に代打でプロ初出場し、4月17日のヤクルトスワローズ（現東京ヤクルトスワローズ）戦で5番、レフトでプロ初先発した。

しかし、ヒットは出ない。キャンプ、オープン戦を通じてバッティングに関してはプロでも充分に通用すると思っていたが、そのとおりにはいかなかった。とくに外野守備と走塁に関しては、明らかに一軍レベルではない。そのときに、考えた。

「二軍でみっちりと鍛え直そう」

与那嶺監督がコメントしたように、代打で結果を出すだけなら、一軍でもやれたかもしれない。しかし、僕の目標は一軍に残ることではなく、レギュラーを取ることだった。「レギュラーを取って他球団のトップクラスの選手と互角に争うくらいになりたい」。そう考えると、外野守備に不安を抱え、ほとんど代打でしか使ってくれないいまの状態で、一軍に帯同するのは、自分にとってはマイナスでしかない。

4月が終わるころ、自分から「二軍に行かせてくれませんか?」とコーチに志願した。プロ1年目の新人が、自ら二軍行きを申し出るのは異例のことだったが、チームも許してくれた。僕の思いが伝わったのか、そこまで戦力として期待されていなかったのかはわからないが、絶対に一軍に這い上がって結果を出すと、前向きな気持ちで一軍を後にした。

この時期の中日のエースは、星野仙一さんだった。打倒巨人に燃え、監督になってからも厳しい指導で「闘将」と呼ばれながら、中日、阪神、楽天をリーグ優勝(楽天では日本一も経験)へと導いた名将でもあった。

そんな押しも押されもせぬエースだった星野さんが登板した開幕早々の試合でのことはいまも鮮明に覚えている。打ち込まれて交代を命じられた星野さんは怒って、マウンドからベンチに戻ってくると、近くに置いてあった陶器製の湯のみ茶碗を思い切り投げつけて割ったのだ。

星野さんは当時、脂の乗った29歳。その姿を目の当たりにしたとき、僕は「第一線で活躍している人が、一度の降板でこんなにかっかするのか」と驚いた。

「長いペナントレースのなかのたった1試合なのに、こんなに真剣な気持ちでやっているんだ」というのは、自分自身がプロのベンチに座ってみて、初めて実感したことだった。

プロ野球はリーグ戦だから、負けたら終わりのトーナメントではない。だから、プロの選手たちは、日々の試合をもっと淡々とプレーしているものだと想像していた。「試合をこなす」という感じなのかなと勝手に思っていた。星野さんの気迫に満ちた行動が、僕にプロとしての心がまえを植え付けてくれたといっても過言ではない。

「プロの世界の試合は、大変なものなのだ」。星野さんが茶碗を割った場面に、実績のあるピッチャーが、こんなにも必死でプレーしているんだということが凝縮されていた。

ちなみに、星野さんは監督になってからも選手がふがいないプレーをすると周りにあるものを投げつけたり、椅子を蹴ったりと大暴れ。ベンチに置いてあった湯のみ茶碗はいつしか、投げつけても破片が飛び散らないプラスチック製に変わった。

星野さんが怒って近くのドアを蹴ったりすると、そこにキズができる。そのキズのところに、ある後輩がこっそりと「○月○日　星野」と書いたりしていた。怖かったが、おもしろくもあった。当時はそういう野球界だった。

フジテレビの『プロ野球珍プレー・好プレー大賞』でよく取り上げられた宇野勝のヘディング事件も、星野さんの勝負にかける気持ちがよく表われていたシーンだと思う。

１９８１年８月26日に後楽園球場（東京都文京区）で行なわれた巨人戦。巨人は前年から連続試合得点を続けており、星野さんは無失点で抑えることに闘志を燃やしていた。熱投を続けて２－０とリードを保ち、７回も２死二塁で山本功児さんを内野フライに仕留めた。ところが、捕球体勢に入ったショートの宇野が飛球を落球。頭に当たったボールが転々とする間に二塁ランナーの生還を許した。

打者走者の山本さんは本塁刺殺で同点に追いつかれることはなかったが、思わぬ形で相手に得点を与えることになり、ホームベースのカバーに入っていた星野さんはグラブを地面にたたきつけて怒った。有名なエピソードである。

代打で結果を出して新人王に

自ら志願して行った中日の二軍では、不安のあった外野守備と走塁を徹底的に練習した。そこには同じように一軍でのプレーを目指して、切磋琢磨する若手や、最後のチャンスにかけるベテランたちが懸命に練習していた。

高校、大学時代は全体練習とは別に自主トレーニングをしていたが、やっているのは自分一人だけのことが多かった。同志社大学は強豪だったが、僕くらい練習する部員は、周りにはいなかった。熱心に練習する僕が変わり者のように思われていたかもしれない。

でもプロに行くと、そういう人が何人もいた。「やっぱり、世の中にはこういう人がいっぱいいるんだ。これが選ばれしプロの選手たちなんだ」と思うことができた。

星野さんのように、誰もが認める実績を残していても、日々、必死に野球に取り組んでいる人たちがいる。周りはライバルでもあるが、チームが強くならなければリーグ優勝、日本一にはなれない。同じような気持ちで練習している仲間を見てうれしくもあった。

なにより、野球が好きな人も多かった。ある広島遠征の際、一軍と二軍を行ったり来たりする中継ぎピッチャーの先輩と話をする機会があった。

僕が「食っていく、生活していくために野球をしているんじゃないですか?」とわざと意地悪く尋ねると、その人は「おれは野球が好きで、極端に言えば、給料がなくてもやりたい」と答えた。僕は「そんなはずないでしょ?」となおも食い下がってみたが、その人は心の底から、そう思っていたようだった。僕はその言葉を聞いたとき、とても感心させられた。

僕も周りの選手たちに負けるわけにはいかなかった。志願して落ちた二軍にいつまでもいるわけにはいかない。目的は外野守備の強化。だから、いつも早めにグラウンドに行って、チームメイトが来る前にウォーミングアップを終え、みんながウォーミングアップをしているときに、一人で黙々とノックを受けた。それが日課だった。とにかく、うまくなりたい一心で、「休日も要らない」と思いながらひたすら練習した。

「誰かにやらされるのではなく、自分から積極的に動けるか」。それがレギュラーになって成功するか、芽が出ないまま終わってしまうかを分ける基準だと思っていた。２ヶ月間の猛特訓で、うまいとまではいかないが、プロレベルでもそれなりに格好がつくようになった。再び一軍でプレーするチャンスが巡ってきた。

当時の中日には、すごい外野手の先輩がいた。１９４４年生まれの井上弘昭さんだ。前年の１９７５年の打率３割１分８厘はセ・リーグ２位の好成績。広島の山本浩二さんと首位打者を争い、プロ野球公式戦史上初の「満塁敬遠」を受けた選手でもある。

しかし、僕が入団した１９７６年のシーズンは調子が悪かった。チームも4位止まり。与那嶺監督にも翌シーズンを見据えて、若い選手を積極的に使っていこうという判断が働いたのではないかと思う。

一軍に戻った後の僕には有利な条件だった。そして、７月27日の巨人戦に代打で出場し、小川邦和さんからプロ初安打の逆転タイムリーを打つことができた。

これがきっかけとなって監督から認められるようになり、夏場ごろから、先発メンバーで起用してもらえるようになった。9月19日の巨人戦では初本塁打もマークした。打撃は自分でも思っていたように、プロのピッチャー相手にもある程度は通用した。

僕はバッティングに関しては自信を持っていたが、この時点で確たる理論があったわけではない。感覚で打つことができていた。最初は、ほとんどの人がそうだと思う。自分なりの理論を確立できたのは、10年くらい経ってからだ。いろいろな人のバッティングを見たり、指導を受けたりして、個性的なバッティングにも共通点があることがわかってきたからだった。

現役を引退した後、プロ野球のOBクラブから「外野の守備について少し講義してほしい」と頼まれたことがある。だが、僕は「外野の守備について話すのは無理です」と断った。「そのかわり、バッティングならやってもいいです」と提案して、胸を張って教えられるバッティングについて講義させてもらった。聴講者は全員が元プロ。それくらい、自分の打撃理論には自信を持っている。

10人いれば10人の理論があると思うが、原理は誰にも当てはまる。僕は誰にどんなことを言われても大丈夫だと思っている。半面、守備と走塁は人に教えるほどではないことも自覚している。そういう現実をしっかりと受け止める目は、ずっと持ってきたつもりだ。プロ１年目は67試合に出場し、打率２割７分７厘、３本塁打。打席数は１８３打席と少なく、先発出場も44試合しかなかった。規定打席にも届いていない。自分でも物足りない数字だと思うが、セ・リーグの新人王のタイトルを獲得できた。

パ・リーグの新人王は南海で11勝をマークしたプロ３年目の藤田学。投手として前年までの一軍登板が30イニング以内であれば、支配下登録されてから５年以内の選手には新人王の資格があった。そのルールが適用された。

セ・リーグは前年の１９７５年、新人王の該当者がいなかった。

「２年続けて該当者なしはまずい」

「今回は誰か選ばないといけないだろう」

あくまで想像でしかないが、そんな〝大人の事情〟もあったのではないだろうか。例年どおりなら、ほかにもっと活躍した選手がいたかもしれない。人生には巡り合わせも大事なのである。

新人王のタイトルを獲った僕にはシーズン後、「バラ色のオフ」の誘惑が待っていた。中日は名古屋圏で唯一のプロ野球チームで、東海地方では屈指の人気を誇る。東京の巨人、関西の阪神の選手同様にスター扱いを受ける。

そんなチームから誕生した新人王だ。サイン会やパーティーへのゲスト出演といった話が、次々と舞い込んできた。そういったグラウンド外の活動にいそしんでいたら、ギャラの合計額が280万円の年俸を超えた。

「こんなに稼げるのか。グラウンドで野球を一生懸命やるのと、色紙に名前を書くのと、どちらのほうが、価値があるのか」と悩まされるくらいだった。

1年目のオフに谷沢健一さん、鈴木孝政と一緒にサイン会に行き、料亭で食事をいただいたことがある。テーブルの上には小鍋を温めるための、ロウを固めた固形燃料が置いてあった。いままで見たことがなく、「テーブルの上にあるのだから食べ物に違いない。餅だろう」と思って口にしてしまった。

それくらい世間知らずだった僕が、新人王にあぐらをかいてしまったら、すぐにダメになってしまうのではないか。そんな葛藤を経て、このままではいけないと思った。

僕はユニフォームを着ない、オフと呼ばれる11月、12月、1月の3ヶ月が勝負のときだと思っていた。シーズンオフの過ごし方は自由だ。サイン会やイベントに参加して〝小遣い稼ぎ〟をしたり、「タニマチ」と呼ばれる社長さんたちにご馳走になって、チヤホヤされるのは気持ちがいい。

だが、その時間を練習にあてる選手もいる。２月のキャンプイン以降は、どの選手もほぼ同じような練習メニューに取り組む。だからこそ、シーズンオフの間に差が生まれるし、それが次のシーズンの成績につながると思っていた。

いまは球団の垣根を越え、気の合う選手同士が何人か集まって合同自主トレーニングを行なうことも普通になっているが、僕が現役のころは、他球団の選手と一緒に練習するということは、ありえなかった。

監督やコーチから「他球団の選手とグラウンドでしゃべるな」と教えられていた時代だった。そういうこともあって、僕は一人で「肉体を強化する」との目的を持って自主トレーニングしていた。

とはいえ、どんな練習をすればいいのか、若手のころはまったくの手探りだった。いまは個々の選手の力量に応じて、球団がオフの強化ポイントを挙げ、効果的な練習メニューを渡すことが一般的になっているが、昔は本当に個々の選手まかせだった。

当時はウエートトレーニングを取り入れる選手は少なかったが、僕は30歳を過ぎたころ、本格的に取り組もうと思った。極真空手の西田幸夫さんと親しくなり、２週間ほど道

ドラフト1位指名で中日ドラゴンズに入団。1年目はプロの厳しさも味わったが、打率.277で新人王を受賞

憧れのプロの世界で活躍することを誓った若手時代

場で一緒に練習させてもらったこともある。海外の先進的なトレーニング理論を学んでいた西田さんに、野球に即した形で重いバーベルを使ったトレーニング法などを教えてもらった。それで、太ももが数センチ太くなった。

こうした工夫により、プロ野球選手としての寿命が延びたのではないかと思っている。1年目の僕はまだ、そんなトレーニングを知る由もなかった。

飛躍を誓った2年目。レギュラー定着を目指す僕の前に強力なライバルが現われた。米大リーグのロサンゼルス・ドジャースなどで活躍したウイリー・デービスが、鳴り物入りの外野手としてやってきたのだ。

じつは、僕が大学4年生のときの日米大学野球選手権大会ではロサンゼルスのドジャー・スタジアムで試合をしたことがある。そのときの一番のスター選手がデービスだった。ロッカールームに入れてもらって、記念写真を撮らせてもらった選手だった。その選手がまさかプロ2年目に一緒にプレーすることになるとは思わなかった。

彼はカセットデッキをいつも2つ持っていて、ひとつは音楽、もうひとつにはなぜかお経のテープが入っていた。それくらい、宗教に凝っていた一風変わった外国人選手だった。すでに37歳のベテランだったが、プレーには光るものが随所にあった。とにかく足が速い。ストライドがすごく大きく、ものすごい前傾姿勢で走る。ナゴヤ球場でランニング満塁本塁打を放ったこともあった。

彼の入団により、ポジションがひとつなくなり、僕は開幕戦からスタメンを外れることになってしまった。結局、レギュラー定着とはならず、2年目の1977年のシーズンは96試合の出場で、打率2割7分6厘、6本塁打の成績に終わった。打席数は1年目よりも少ない166打席だった。

弟の死に誓った3割到達

しかし、3年目の1978年は、素行に問題があったデービスがわずか1年で中日を去り、レフトのレギュラーポジションをようやくつかむことができた。

成績は1978年が102試合に出場して打率2割7分4厘、11本塁打。4年目の79年には初めて規定打席に到達。出場機会は123試合に伸びたが、成績は打率2割5分1厘、13本塁打と前年より打率は2分以上も下がり、本塁打も微増にとどまった。このころの僕は、自信があったバッティングでプロの壁にぶち当たり、それを破れずに苦しんでいた。

壁を乗り越えるとき、大きな存在は女房だった。いわゆる「内助の功」である。結婚したのは、まさに壁にぶち当たっていた4年目のオフだった。

当時大学生だった女房は僕の6歳下。１９７８年の開幕前に長崎遠征中の食事会で会ったことが交際のきっかけになった。中日でコーチをしていた堀込基明さんや、２０２１年に70歳で亡くなられたチームメイトの大島康徳さんも一緒だった。

女房の母親は、西武の前身である西鉄ライオンズの二軍本拠地で、場内アナウンスを担当していた。結婚して退職したが、その関係で当時のスター選手だった稲尾和久さんや中西太さん、豊田泰光さん、高倉照幸さん、仰木彬さんら、そうそうたるメンバーと仲が良かった。

そういう野球と縁の深いところで育っているのに、女房は野球にまったく興味がなかった。２０２1年の年末に僕のＹｏｕＴｕｂｅチャンネルに一緒に出演した際に、その話を女房に振ったら、「長嶋茂雄さんと王貞治さんの顔の区別もつかないくらいだった」とあっけらかんと打ち明けていた。

しかし、そんな女房の存在がプロ5年目の成績アップにつながっていく。じつは結婚後、女房にあるお願いをするようになった。テレビ中継の僕の打席をビデオで録画しておくことだった。家事などの時間に追われながらで大変だったと思うが、僕の打順が回ってきそうになったら、そのたびにビデオデッキの録画スイッチをオンにする。

僕が1試合に5打席立ったら、5打席分だけ。ずっと録り続けるわけではないので、打席のたびにビデオデッキのスイッチを入れたり、消したりしないといけない。僕は帰宅するとすぐに、女房が録ったビデオをチェックするのが日課になっていた。

まだ体にその日の試合の一打席、一打席の感覚が残っている状態。「あのときのファウルはどうだろう。こんな感覚だったが……」と思い返しながら、映像で確認してみる。すると、スイングが実際にどうなっているかがわかる。

映像を繰り返し繰り返し見ていると、打席での感覚が頭の中に描けるようになってきた。打席で打ち損じてファウルになったら、こういう形のスイングをしているな、と頭の中でわかる。すると、その打席の途中でも、悪いところを修正できる。女房が苦労しながら録った映像を見続けたことが、バッティングの数字にも如実に表われたと思う。

そういったことは、最近では全部、球団のスタッフがやってくれるようになっている。しかし、僕が現役のころは、そんなことをやってくれる人は球団には誰もいなかった。だから、女房に頼むしかなかった。

やはり、練習のフリーバッティングの映像と、試合の映像は全然違う。相手のピッチャーが「打たせないぞ」という気持ちを込めて投げた球を打つときの映像は本当に役に立った。自分を高めていく上で、いい勉強になった。

女房は、野球はまったく知らない素人だったが、僕の打席しか見ていないので、僕の調子が悪いときに、些細な異変に気づくことがあった。

「いつもと違うところはある？」とわらにもすがるような思いで尋ねると、女房は「いつもは見えていない背番号が、こっち側に見えている」とか「ちょっと番号の部分がいつもより中に入りすぎている」など、気づいたことを教えてくれた。どの試合のテレビ中継もだいたい同じ方向のカメラから撮っているので、アングルはほぼ一緒。だから、そんなアドバイスをしてくれることができた。

「顔の表情がちょっと優しすぎる」と言われたこともある。好調が続いているときは、怖い顔をしていたという。野球の専門家からしたらまったくの的外れに思えるようなことも、指摘してくれた。「怖い顔のときのほうが、よく打っている。ちょっと優しくなっているときは、だいたいあかん」と女房なりに分析していた。

こんなことはコーチは絶対に言わないだろう。野球を知らない女房だからこそ言えたわけだが、そんなことでも、いろいろと参考になった。

当時の審判も、うちの女房が僕の打席を録画していることを知っていた。「田尾のところは全部録って、後で全部見るそうだ。だからストライクかボールでもめたとき、田尾がボールと言ったらボールなんだ」というような話を聞かされたことがある。

女房にはこんなエピソードもある。

結婚してすぐのころ、プロ野球界を代表する大投手で、タレント活動もしていた金田正一さんが、テレビ番組の企画で我が家に訪ねてきたことがあった。女房がお好み焼きを出すと、金田さんが「こんなものを食べていたらいかん！」と言いだした。女房は学生時代に家政科で学んでいたので、料理も上手だった。その日がたまたま、お好み焼きだっただけだが、それは金田さんには言わなかった。

金田さんには「自分の体には、給料の3分の1をかけなければいけない。こんなものでは、なかなか結果は残せん」と言われてしまった。神妙にうけたまわったが、正直なところ、僕も女房もあまり気にはとめていなかった。

テレビ局は、金田さんが帰られた後の僕と女房の会話もずっと撮影していた。女房が

「金田さんって、野球選手だったの?」と僕に尋ねる。「おまえ、すごいピッチャーだったんだ。400勝もしたピッチャーなんだぞ」と僕が答えると、女房は「400勝ってすごいの?」と聞き返す。本当に、野球を知らない女房らしい受け答えだった。

そんなふうに野球の素人だからこそ、癒やされた部分がある。変に野球を知っていて、「パパ、今日はこうだったよ」といちいち指摘されていたら、僕は「うるさいわ!」と怒鳴っていたかもしれない。

野球に関する込み入った話は女房としたことがない。家に帰ると、野球とはまったく違う話題で語り合う時間が持てた。それは、よかったことだと思う。できるだけ野球を家に持ち込まないようにしようと思っていた僕は日々、家を出てから「さあ野球をしに行こう!」と気持ちを切り替える感じだった。

結婚して迎えた5年目の1980年は主に1番バッターとして起用されるようになった。成績も上昇し、122試合に出場して打率2割9分9厘、7本塁打。一流選手の証ともされる打率3割にあと一歩まで迫った。

ただ、この年のシーズン終わりは晴れた気持ちにはなれなかった。骨髄炎の疑いで療養していた弟が亡くなったのだ。

弟が瀕死の状態であることを知ったのは、シーズンが残り2試合になった10月下旬だった。弟の容体がそこまで悪いとは思ってもいなかった。両親もまったく知らせてくれなかった。

たまたま親戚から連絡があって、弟が大変なことがわかった。弟の容体が悪化しているようだったので、「どんな状況かわかる?」と聞き返すと、「もう危ない」とのことだった。すぐに実家に連絡して、両親を問いただした。「なんで連絡してこないんや!」。そう問い詰めた僕に、両親は「おまえの打率3割がかかっているから」と言った。僕が心配してプレーに悪影響が出てはいけない、と伝えることを遠慮していたそうだ。

「どういうことやねん!」

僕は唖然とした思いに襲われた。自分だけが弟の病状を知らされていなかったことに腹を立てて、「3割なんか、いつでも打ってやるわ!」と声を荒げてしまった。そして「いまから帰るから」と一方的に告げ、球団に連絡して「最後の2試合は、休ませてもらえませんか?」とお願いし、弟が療養していた香川県に向かった。だから、僕の5年目、1980年のシーズンは、2試合を残して終わっている。

療養先に到着したとき、弟はもう延命措置を受けている状態だった。僕が来るまでは……と、周りが尽力してなんとか生きながらえさせてくれていた。だから、意識もなかった。そんな容体だった。

弟はみんなから好かれる優しい性格の持ち主だった。僕のように我の強い人間ではなく、本当に協調性があり、それでいて体は大きかった。簡単に言うと「気は優しくて力持ち」を地で行く感じ。弟のことを嫌いだという人を、僕は聞いたことがない。そんな好人物だった。

高校時代まで野球もしていて、高校を卒業すると、大学には進まず、働きに出た。高校時代に病にかかり、骨髄炎ではないかと疑われたが、その後は元気になっていた。

僕の契約金で両親が香川県に家を建てたとき、弟には「おやじとおふくろの面倒を見てくれるか」と言って、両親と一緒に住んでもらった。弟は香川県の会社に就職し、両親と一緒に生活していた。ずっと元気そうな様子だっただけに、信じられない思いがした。

ケガの功名でつかんだ広角打法

翌年、プロ6年目となる1981年。開幕前に長男が誕生していたこともあり、このシーズンは自分のためだけでなく、「周りの人たちのため」という思いが強かった。亡くなった弟のためにも、そして次男を亡くして悲嘆に暮れている両親のためにも、「いつでも打ってやるわ！」と言い放ったこともあり、絶対に3割を打ちたかった。

そうして臨んだこの年に、僕は初めて有言実行で打率3割を達成した。成績は124試合に出場し、打率3割3厘、15本塁打。前年に早世した弟のこともあったので、どうしても打ちたかったが、少しプレッシャーもあった。だから正直、ほっとした気持ちもある。

それから4年連続で打率3割を超え、セ・リーグを代表するバッターになることができた。

1982年が129試合出場の打率3割5分、14本塁打。83年は130試合全試合出場の打率3割1分8厘、13本塁打。84年が同じく130試合出場、打率3割1分、20本塁打。81年から83年の3シーズンはベストナインに選ばれ、82年から84年の3シーズンはリーグ最多安打も記録した（82年＝174本、83年＝161本、84年＝166本）。

1982年の中日は、監督の近藤貞雄さんを中心に、谷沢健一さんやケン・モッカ、宇野勝、平野謙ら個性豊かな選手たちが集まって「野武士軍団」と呼ばれるチームで、リーグ優勝した。

プロ6年目の1981年から4年連続で打率3割をマーク。"安打製造機"の異名をとり、中日を代表するスター選手に

中日は家族っぽい雰囲気のチームだった。当時は遠征のときも旅館のようなところに泊まっていた。だから、いまの選手たちよりも、一緒にいる時間が長い。その分、チームの結束力が強かったのではないかと思う。

打撃向上に女房が僕の打席を録画してくれていた話はすでに紹介したが、もうひとつ、技術的な変化があった。

以前は、スイングの際に手首を少しこねるようなところがあったため、一時ひどい腱《けん》鞘《しょう》炎になってしまった。しかし、試合には出たいので、腱鞘炎を隠してプレーを続けていた。プロなのだから、自分から欠場を申し出るようなことは、すべきではない。起用するか、しないかを選択するのは監督の役割だと思っていた。

だから、手首を固定して動かないように、テープをぐるぐると10回ぐらい巻いて打席に立っていた。当時のテレビはチャンネルを替えるとき、手でガチャガチャと回す形だったが、手首に全然力が入らず、チャンネルを回せないくらいだった。いまの医療機器で詳細に調べたら、骨が折れていたかもしれない。

そんな手首の状態だったので、投球に逆らわずに逆方向に打つ「流し打ち」を意識して取り組んだ。すると流し打ちだとヒットが出やすい、ということがわかってきた。引っ張ろうとこねるようなスイングから、逆方向へ打つ意識へと変えた。すると、点でボールを捉えるのではなく、面で打ち返すスイングに変わった。

真相は手首が痛くて、引っ張るバッティングができなかったというのもあるが、「ケガの功名」によって、思わぬきっかけで流し打ちの打法を体で覚えることができた。

もうひとつ、アクシデントによる効果があった。

いつのシーズンかは思い出せないが、チームの練習で柔軟体操をしていたとき、突然、先輩に上から全体重で乗ってこられて、腰がガクッとなった。いわゆる、ぎっくり腰になってしまった。時期はたしか8月ごろだった。痛くて、たまらなかった。

試合には出続けたが、試合前のバッティング練習もしなかった。痛み止めを飲んでいたが、1回空振りすると、その打席では、もうバットを振れないくらいだった。

だから「1球で決めなあかん。仕留めなあかん」という気持ちで打席に立っていた。強振してバットが空を切ったり、打ち損じてファウルボールになったりすると、その打席では、もうバットを振れない。そのため、的確なミートを心がけた。

当時は1番を任されていたが、「バットをうまくボールに当てる。それでヒットにするには、やはり逆方向やな」と実感した。

腰を痛める前の打率は2割8分くらいだった。それを1ヶ月で、3割1分まで引き上げた。通常は疲れなどから打率が落ちることも多い夏場に、3分も上がった。やはり、逆方向狙いをすれば、打率が上がる。それは実体験として持っている。極端に言うと、内角球でも逆方向に打ち返すことができると思った。

以前は頭のどこかに「甘い球がきたら、一発を狙いたい」という欲が出る時期もあった。そういう時期は、変化球にかわされる打席も多かった。力んで打ち損じも生まれていたが、逆方向を狙うことで、ボールを引きつけて打つことに意識を集中できるようになった。

とはいえ、流し打ちだけのバッターだとあまり魅力は感じない。体を痛めて流し打ちを身につけ、「そういうこともできるんだ」とバッティングの幅が広がったことに価値があると思う。流し打ちができるようになったことで、手首や腰の故障が完治すると、打球を広角に打ち分けられるようになった。

「5打席連続敬遠」の真実

1982年は初めて日本シリーズにも進出できた。相手は広岡達朗さんが監督就任1年目の西武ライオンズ。2勝4敗で敗れたが、僕は全6試合に出場した。

西武球場（現ベルーナドーム＝埼玉県所沢市）での第5戦では、3回2死二塁で平野が打った打球が一塁線を破ったが、一塁塁審の足に当たり、先制のチャンスがつぶれた。二塁ランナーだった僕は三塁を回ったところでボールが審判に当たって外野に抜けていないことに気づき、帰塁しようとしたところでタッチアウトになった。

いわゆる「石ころ事件」である。「審判はグラウンドに落ちている石ころと同じ」というが、この試合で敗れたことが、シリーズの行方に大きく影響した。そんな不運もあって、日本一は果たせなかった。

この年、プロ7年目のシーズンだった僕には変わらぬ信念があった。納得できないことを、無抵抗のまま受け入れたくないという気持ちを、持ち続けることだ。

事件は4月22日に平和台球場（福岡市中央区）で行なわれた巨人戦に起きた。

試合前のバッティング練習中の態度をめぐって、コーチの黒江透修さんと言い合いになった。黒江さんから「そんな態度だと、もう使わんぞ」と言われた言葉に、僕は売り言葉に買い言葉で「わかりました。使わんといてください」と言って、ベンチでスパイクも履かずに試合を見ていた。

すると、試合の終盤に、突然代打での出場を告げられた。黒江さんから「監督が言っているんだから、出てくれ」と頼まれ、江川卓からヒットを打つことができた。記憶に残る打席である。

１９８２年は首位打者を狙える位置にいた。

有名なのが、シーズン最終戦での「５打席連続敬遠」に対する２度の空振りだろう。

この年、中日は巨人と熾烈な優勝争いを繰り広げていた。１番を打っていた僕は首位打者のタイトルもかかっていた。

10月18日に横浜スタジアム（横浜市中区）で行なわれた大洋とのシーズン最終戦。試合前の時点で、すでにシーズンを終えていた巨人と、中日とのゲーム差はゼロ。勝つか引き分けなら、中日の８年ぶりとなるリーグ優勝が決まる。負ければ、巨人が２年連続でペナントレースを制する大一番の試合だった。

試合前の時点で、僕の打率はトップを走っていた大洋の長崎啓二（現在は慶一）さんの３割５分１厘を９毛差で追う、３割５分０厘１毛。僕は大洋との３連戦の初戦で３打数２安打、２戦目で５打数４安打と固め打ちし、長崎さんを猛追していた。

ところが、大洋はすでに５位の順位が決まっていたこともあり、試合結果よりも、長崎さんのタイトル、個人記録を優先する策に打って出た。長崎さんは３連戦の２戦目と３戦目に出場せず、僕は最終戦の５打席すべてで勝負を避けられて敬遠で歩かされた。

試合は８－０で中日が大勝し、３度目のリーグ優勝が決まった。

僕は、最初は「敬遠してくれるのであれば、チームが勝てる」と思っていた。しかし、試合終盤は点差が開いて勝負の行方は決まっていた。なおも敬遠を続ける相手に、「プロ野球って、こんなものでいいのか？」と疑念が湧いた。

試合が一方的な展開になっていた８回の５打席目も、敬遠ムード。タイトルに手が届かないのはかまわないが、納得できなかった。カウント、スリーボールからの４球目と５球目。バットが届かないところに投げられた敬遠球を、僕はわざと空振りした。

僕の行為に呼応するかのように、スタンドはどよめき、グラウンドに向かって物が投げ込まれるなど、スタジアムは騒然となった。

フルカウントになったところで、三塁コーチスボックスにいた黒江さんが打席にやってきた。「もうバットを振るな」と諭され、僕は５度目の敬遠を受け入れた。次の６球目を見送って、何事もなかったかのように一塁に歩いた。

黒江さんは打席にやってきたときに「おまえはもう（チームの勝利に）充分に貢献した」

と諭してくれたそうだが、僕は怒りのあまり、「振るな」という言葉しか覚えていない。

結局、試合に出場しなかった長崎さんが打率3割5分1厘で首位打者に輝いた。

僕の2度の空振りは、個人タイトルを尋常とは言えない方法で妨げられたことへの抗議だと思われることが多いが、そうではない。

タイトル欲しさではなく、ファンに対する申し訳ない気持ちが、僕にバットを振らせた。「敬遠策に納得していない」という気持ちを、何かの形で示したかったのである。

首位打者のタイトルを逃したことよりも、相手の徹底した「敬遠策」がスタジアムを埋め尽くしたファンの人たちの前で繰り広げられたことが、残念だったのだ。

僕の現役時代には「個人タイトルを1つ獲れば一生、生活に困ることはない」と言って選手を励ますコーチや先輩がいた。そういう時代だったのは、間違いない。

しかし、もう一度、現役時代に戻って当時と同じような状況でプレーできるとしたら、やってみたいのは、最後の最後までずっと首位打者でいて、試合に出続けて、最後は打率2位で終わること。首位打者のタイトルを獲るために野球をしているわけではないということを、みなさんにお見せしたかった。それは、ちょっとかなわなかった。

当時の大洋の監督は、2020年4月に亡くなられた関根潤三さんだった。長崎さんにタイトルを獲らせることで、低迷するチームのファンを喜ばせたい思いがあったのかもしれない。

しかし、僕が関根さんの立場だったら、たとえ球団の上層部から「田尾を歩かせて、長崎に首位打者のタイトルを獲らせてやってくれ」と要請されても、やっぱり、その要求は聞き入れない。

どうしても球団が「やれ」というのであれば、僕は「監督を辞める」と言って、突っぱねると思う。おそらく「僕のしている野球は、そんな野球じゃない」と主張しただろうと推測する。

僕が頭の中で判断基準にしていたのは、「ファンの人たちがこの試合で何を楽しみにしているか」だった。それを第一に考えることが大切だと思う。ファンが望んでいるものを優先して考えたときに、答えは絶対に出るはずだ。

試合後には、セ・リーグの連盟事務所に「大洋のしたことは、（野球協約で禁じられている）敗退行為ではないか」との抗議が殺到したという。

あの試合は、巨人か中日のリーグ優勝が決まる試合だった。そして、僕か長崎さんの首位打者のタイトルが決まる試合でもあった。この２つの大きなポイントがある試合で、本当の勝負をせずに試合を終わらせてしまった。抗議を受けても、仕方がないと思う。

プロ野球界としては、やってはいけない試合をしてしまった。当事者なので、書きづらいところもあるが、本音を言うと、本当のポイントはファンを無視したところにあると思っている。

関根さんとは、現役引退後の評論家時代にフジテレビの番組『プロ野球ニュース』に一緒に出演した間柄。長崎さんとは、後に阪神でチームメイトになった。関根さんともよく話をしたし、長崎さんともよく一緒にマージャンをした。

あの日の5打席敬遠のわだかまりは、僕にはない。個人的な恨みも、まったくない。

ただ、野球界、ファンの人たちのことを考えたときに、あの野球、あんな試合をしてはいけなかったということ。

これから先に同じようなことが起こるかどうかはわからないが、指導者の人たちに徹底して考えてもらいたいのは、ファンの人たちのニーズが何なのか、何を求めているのかということである。

そこを突き詰めて考えれば、ニーズに添った判断をしていけば、何事も正しいやり方になるのではないかと思っている。やはりファンを無視するようなことは、やってはいけない。そこは、僕の中ではずっと、ぶれていない。

「栄転おめでとう！」に癒やされた

僕は、言うべきことは言う、やるべきことはやるという姿勢を貫いてきた。球団にとっては厄介な存在だったかもしれない。結果、平坦とは言えない野球人生を送ることになった。しかし、まったく後悔はしていない。

プロ10年目、１９８５年のキャンプイン直前、中日から西武にトレードされた。４年連続で打率３割超えのバリバリのレギュラーだった僕が中日を出ることになり、メディアでは「電撃トレード」と報道された。

僕のＹｏｕＴｕｂｅチャンネルに出演してもらった中日時代の後輩で、外野手、一塁手として活躍した川又米利から、僕がトレードになってチームから出ていったおかげで、ポジションが空き、活躍できたという話を聞かされた。

僕は当時の球団代表とは関係が良好ではなかったが、僕がいなくなったチャンスをモノにした川又にとっては「球団代表さまさま」だったわけだ。

そのころはいまのように、フリーエージェント（FA）権をはじめとした選手の立場を保護する権利は何もなかった。選手は「やめます」という権利しか持っていなかった。選手よりも球団のほうが、圧倒的に力が強い時代だった。

そういう環境で、選手会長を務め、はっきりと意見を言う僕は、球団から少し面倒くさい選手だと思われていたのだろうと思う。

そのころ、僕は中日のチームメイトから話を聞き、球団への要望事項を箇条書きにまとめていた。選手が球場の駐車場に着いてから、球場へ移動するまでの動線に難があったナゴヤ球場の選手用駐車場の改修など、8～9項目あった。

自分のためというよりは選手みんなのためであり、選手が気持ちよくプレーできれば、それはチームのためにもなると思った。

「選手たちはいま、こういうことを望んでいます。できる範囲でいいので、お願いします」という話し方で球団側と交渉したが、うまくまとまらなかった。

そういう経緯もあって、球団から思いがけない形でトレード通告を受けた。通告方法も普通ではなかった。

1月24日。僕は1週間後の2月1日に迫ったキャンプインに向け、ナゴヤ球場で合同自主トレーニングに励んでいた。その途中で「ちょっと選手食堂に来てほしい」と、ドラフト同期で、球団マネージャーになっていた福田功に声をかけられた。

トレードの話だとは、思ってもいなかった。気軽に食堂に行ってみると、球団代表と監督の山内一弘さんが横に並んで座っていた。山内さんは一切、しゃべらない。

球団代表が口を開き、「西武とのトレードが決まった」と言う。

瞬時にすべてを察した僕は、「はい、わかりました」とだけ言って席を立ち、すぐに食堂からスタスタと出ていった。

主力であっても、当時の選手の立場は軽いものだった。オフの契約更改交渉で、自分ではそれなりの結果を残したと思っていたら、「盗塁数が少ない」と言われたこともあった。

成績が悪かった１９７９年には、試合が始まる直前のタイミングで、球団代表に「今年は給料を下げるかもしれない」と言われたこともある。そのときは、本当に腹が立った。

相手は目上の球団幹部ではあるが、「僕はこれから試合をするんです。お金のことなんか一切考えていません」と言い返した。

いまの時代に同じようなトレードを強行したら、「なんだ、この球団は」と球団が評価を落としかねない、選手の気持ちを斟酌《しんしゃく》しない一方的な通告方法だった。

トレードをふたつ返事で承諾したが、自宅に戻るときに家族となんの相談もしていないことに気づいた。

しかも、当時は一軒家を建てたばかり。新築して1年も経っていなかったと思う。車の中で、女房にどう言おうかと考えをめぐらせた。

帰宅すると、マスコミから電話がかかってきていたようで、女房はトレードの話をもう知っていた。そして「パパ、栄転おめでとう！」とすごく明るい表情で言ってくれたのだ。これには野球のことに関して素人の女房には、トレードの裏事情などわかるはずもない。

正直、ほっとした。

女房はこれまでにいくつかの名言（僕がそう呼んでいる）を残しているが、これが、その代表的なひとつだ。

名古屋の球団から東京方面の西武へ行く。在京球団へ移籍するのだから、「これは栄転だ」と。女房の発想力はすごいと思った。

「パパ、どうするの？」と不安顔で問い詰められたら、こっちも考え込まなければならない。女房の明るい対応が、本当にうれしかった。

僕はトレードや監督就任に伴い、これまで何度か転居をしてきたが、単身赴任をしたことがない。いつも次のところへ家族と一緒に行っている。楽天の監督に就任したときだけは、関西の家が気に入っていたので、売らずに残しておいて、球団が用意してくれたマンションに住んだが、いつも骨を埋める気持ちで新天地に行っているので、基本的に借家ではなく、そのたびに持ち家を買い替えていた。だから、我が家は引っ越し貧乏になってしまったが、仕方がない。

トレードに関して本音を言えば、中日の中心選手として活躍していた時期に突然、はしごを外されたことは、青天の霹靂《へきれき》だった。中日に骨を埋め、ずっとプレーするつもりだったので、「なぜなんだ」という気持ちもすごくあった。「僕を他球団に出せるわけがない。出せるものなら出してみたらいい」という自負心も持っていたと思う。

しかし、いろいろとうるさいことを言う田尾を、何か理由をつけてトレードに出してやろう。そういう思惑に、はまってしまった。見事に外されたなとも思った。

僕はいまでもそう思っている。しかし、トレードが決まった以上は仕方がない。僕が球団に改善をお願いしたのは、チームや仲間のためになると思ったからだ。それを認めてもらえなかっただけのこと。「自分は間違っていない」。そのことを支えにして、思いきって新天地の西武に行くことにした。

トレードが決まってからは、毎晩、中日のチームメイトや名古屋で親交を結んだ人たちとの送別会が続いた。そういう人と人とのつきあいは大切にしたかった。それで、名古屋を離れるまで、ほとんど練習ができなかった。

いまも名古屋にはたくさんの知り合いがいる。中日の後輩もいるし、先輩もいる。行くと、同窓会のようになる。うれしいかぎりである。

第5章

西武、阪神、そして引退

管理野球に学んだ突き詰める姿勢

1985年に、左投げピッチャーの杉本正、キャッチャーの大石友好の2人との交換トレードで入団した西武は、黄金時代の真っただ中だった。

理論派の広岡達朗さんが1982年に監督となり、82年、83年に日本シリーズを連覇。世代交代を進めた84年は3位に終わったものの、85年は巻き返しを期すシーズンだった。

絶頂期のチームに飛び込んだ僕は、西武の強さを認めながらも、最初は広岡さんが掲げる「管理野球」を「なんだ、これ、アマチュアのやり方じゃないか」と素直に受け入れ難く思っていた。管理野球は「放っておいたら、なんでも悪いほうに行ってしまう。だから管理しないといけない」という考え方に基づいているというのが僕の持論だ。

しかし、プロの意識を持った選手は本来、管理されないとやっていけないということはない。グラウンドの中でも外においても、すべてを自分でマネジメントして行動できるものだと思って僕もプロ野球生活を歩んできた。誰かにやらされないとできないという観点で考えると、「これは少しアマチュアの社会人野球みたいだな」と思ってしまっていた。

慣れ親しんだ名古屋を離れ、パ・リーグの常勝球団、西武ライオンズへ移籍した

なにより僕自身が子どものころから、指導者や周囲から管理されずに育ってきたということもあり、親しみにくい気持ちもあったように思う。チームカラーというか、移籍先の球団の風土に慣れる難しさも味わった。

しかし、広岡さんが指導し、精魂を込めて選手たちにたたき込んでいる野球はとても勉強になった。野球を突き詰める点に関しては、徹底していた。裏付けされた知識を勉強し、自らの指導論に絶対的な自信を持てなければ、あそこまではできないと思う。

広岡さんは評判どおり厳しい人だったが、何回か話を伺っていくなかで、情理を尽くして説明すれば、わかってくれる人だと思った。普通に話ができる、意見が通じる人だった。

一方、細部までとことんこだわる野球は、本当にすごかった。

たとえば、盗塁のサインが出たときに、ランナーが盗塁を成功しやすくするために、バッターがキャッチャー方向にいったんバットを寝かせて、戻す。その動作をするだけで、バットの動きに躊躇したキャッチャーの体重移動などランナーを刺すための動作がわずかに遅れる。送球も当然、ワンテンポ遅くなり、走塁を助ける。バットを寝かせたままだと守備妨害になるので、すっと元に戻すわけだ。

そういう細かなことも、練習に取り入れていた。別の例も挙げてみよう。

ランナー一、三塁の場面で、一塁ランナーが一、二塁間で挟まれる、いわゆる挟殺プレー。一塁ランナーは塁間で挟まれても簡単にはアウトにならないように粘り、二塁方向に走っているときにアウトになる。タッチされる瞬間には、必ず外野方向に倒れる。外野方向に倒れる理由は、タッチをしようと思った野手の視線が外野方向へ向き、背中を向けてしまっている分、三塁ランナーへの意識が薄れてしまう可能性があるからだ。そのタイミングを見計らって三塁ランナーが本塁に向かってスタートを切る。すると、セーフになる確率が高くなる。そういうところまで全部、教えてくれた。

そんな指導は、中日でも、のちに移籍する阪神でもなかった。

ほかにも、ランナーが三塁にいる場面で、一塁側のファウルゾーンにフライが飛んだケースがあった。一塁手の捕球体勢を見ながら、三塁ランナーはタッチアップで本塁を陥れるかどうかを判断する。一塁手が少しでも緩慢な動きを見せたり、捕球体勢のバランスが崩れたりすれば、本塁を狙う。

どんな状況ならセーフになるか、アウトになってしまうかを、西武の選手たちは練習を通じて実際に体感していた。だからこそ、試合で自信を持ってスタートを切ることができるのだ。

そういうことはプロならどの球団もやっていそうだと思うかもしれないが、実際にはほとんどやっていなかった。つまり、シーズンに一度あるかないかというレベルのプレーまで練習していたのが西武の強さの背景だったともいえる。

移籍したばかりの僕は「使うことはあるのかな?」「本当に必要だろうか?」と疑問に思うこともあったが、頭の中を鍛える意味で有意義だった。

細かいところまで教えてもらえると、自分が守っているときに、「この場面でこうなったらこうしよう」という選択肢が増える。走者がいるシチュエーションにおいて、これまでは3つくらいしか念頭になかったのが、4つ目、5つ目を自分で考えるようになった。そうすることが、野球人としてのレベルを上げていくことにつながる。レベルを上げるためのベースとなる考え方を、広岡さんからは教わった。

僕自身も指導者となってから、広岡さんのもとで学んだことが生きたように思う。個々のプレーだけではなく、シーズンを通してどうチームを強くしていくかのヒントもあったからだ。

西武の管理野球で驚かされたことは、食事に関してもあった。僕は中日時代には朝食を抜き、日々の食事は昼からという生活サイクルを続けていた。試合はほとんどがナイターなので、家に帰ってゆっくり休息をとってから寝ると、そういうサイクルになるのだ。

しかし、西武では、選手の栄養管理や食事時間も徹底されていた。遠征先の宿舎では毎日、朝食が出る。食べたかどうか、全員がチェックされた。用意される食事は玄米食が中心で、簡素なパンや野菜中心のスープのときもあった。夕飯も含めて、アルコール類は原則禁止だった。

そういう点まで管理するのは細かすぎると思ったこともあるが、広岡さんの「悪いことはしないようにする。課題は解決する」という方針はゆるぎなかった。

たとえば、試合で守備の中継プレーがうまくいかず、1点を取られたとする。広岡さんが監督をしていたころの西武では、中継プレーに関わった選手は翌日、早めに球場に来て、その練習を必ず行なうことが徹底されていた。

課題が見つかったら、解決を先延ばしせずにすぐに〝復習〟して、クリアにしていく。その「課題→練習→解決」という手順を毎日、続けていた。いま思い返してみると、若い選手は夏のオールスターゲームくらいまで、休みが1日もなかったのではないだろうか。

遠征時にも必ずユニフォームに着替えて練習していた。本拠地から遠征先に向かったり、遠征先から本拠地に戻ってきたりする移動日でも、ユニフォームを着ない日はなかった。たまに練習を免除されて休めるのは、ベテランの何人かだけ。中堅、若手はずっと練習だった。

そういうことができるチームがいま、どれだけあるだろうか。選手の権利も大きくなっているので、休みを飛ばされた選手からクレームが出るのは間違いない。最初に、監督から選手たちに「俺はこう思うけど、どうだろう？　一度やってみてくれないか？」と丁寧に説明して同意を求めないといけないだろう。

広岡さんは選手の起用法にも妙味があった。

ショートを守っていた主力の石毛宏典の調子が悪くなったときに、若手で伸び盛りの田辺徳雄を一軍に上げて2試合フルに使ったりした。そこで結果が出なくてもいいのだ。石毛は強い危機感を抱く。そして、田辺にも「一軍は大変だろ、もう一度勉強してこい」と言って、二軍に戻す。

こういうタイミング、差配がすごくよかった。これなら、二軍で再調整となった田辺も納得する。選手を奮起させる手法、広い視野で選手をマネジメントするのは、広岡さんの手腕だった。

のちに移籍した阪神は逆に、「放任主義」だった。なんでも「選手の自主性に任せる」

という考え方。僕は1987年にトレードで入団したが、「ある意味、プロらしい」と感じたものだ。

ただ、極端な管理主義と放任主義の両方を体験した僕が、いまになって思うことがある。それは、広岡さんの指導を受けた西武の生え抜き選手の多くが、のちに監督になっているということだ。若いころに広岡さんに厳しい野球を教わったことが、指導者になる上で大きな財産になっていたのだろう。

僕が広岡さんのもとでプレーしたのは1985年の1年間だけだが、中日時代の1年半分くらい疲れた。つまり、1・5倍、濃密だったのだ。85年の僕の成績は、127試合に出場して打率2割6分8厘、13本塁打。チームは2年ぶりのリーグ優勝を果たすことができた。日本シリーズでは、僕は全6試合に3番、ライトで起用されたが、阪神に敗れて日本一は奪還できなかった。

西武はフロントも〝プロ〟だった

西武のフロントの考え方にも舌を巻いた。移籍1年目は5年ぶりに打率3割に到達できず、期待に応えられずに契約更改交渉を迎えた。長年にわたって球団経営に携わってきた球団代表の坂井保之さんが交渉の相手方だった。

坂井さんは選手からしても、話しやすい人だった。「成績を残せずに、球団に申し訳なかったな」という気持ちを抱きながら臨んだ交渉の場で、坂井さんはまず「お疲れさまでした。慣れないところで大変だっただろう」と僕をねぎらってくれた。

そこから始まった交渉での評価査定では、意外な点を評価してくれた。

小学校の夏休み期間中に西武球場で開かれた試合で、西武は大差で敗れたのだが、その試合で僕は本塁打を放っていた。そのことを挙げて、「あのホームランは、夏休みに球場に来ていた子どもたちにとって、絶対にいい思い出になったと思う」と称えてくれた。

交渉の席に着くまで、僕は勝ち負けに影響のない、どうということのない本塁打だと思っていた。しかし、その本塁打を価値があるものとして扱い、褒めてくれた。選手としては悪い気はしない。

坂井さんはそのあとで「今年一年、どうだった?」と僕に尋ねた。僕が「期待に沿えなくて申し訳なかったです」と頭を下げると、坂井さんは初めて金額の話を口にして、「年俸を300万円下げてもいいか?」と聞いてきた。

下げ幅が思ったより少なく、逆に「それでいいんですか？」と聞き返したほどだった。気持ちよくやり取りしながら、契約を更改させていただいた。マイナス点だけを挙げて、ダウン提示をされたら、選手のモチベーションも来季にうまく向かないことがある。当時の西武には、選手と対等の立場で話し合いに応じてくれるフロントマンがいたのだ。

戦力外になって現役を引退していく選手に、球団が「これからは社会人になるのだから」との心遣いで、スーツを一着プレゼントしたという新聞記事を目にしたこともある。いくらのスーツだったのかまではわからないが、「社会人のユニフォームはスーツだから、また新しい世界で頑張れ」というメッセージが込められているように思う。

こういうのが「生き金」というのだろう。やめていく選手は「温かみのあるチームで野球をやれた」と思えるし、感謝してやめていく選手の姿を同僚も見ている。そんな積み重ねが「チーム愛」につながっていく。当時の西武が強かった理由が、よくわかる。

名言第2弾「芦屋夫人と呼ばれたい」

西武での2年目、1986年は監督が森祇晶さんに代わった。その年、鳴り物入りのドラフト1位で、大阪・PL学園高校から「怪物スラッガー」の清原和博が入ってきた。

キャンプのとき、森さんに清原の起用法を「どう思うか？」と尋ねられたことがある。僕の守備コンバートも絡む話だったので、意見を聞きたかったのだろう。

森さんは清原にサードを守らせたいようだった。監督なのだから、はっきりと「清原をサードで使い、サードの秋山幸二はセンターに回す。センターの田尾はファーストをやってくれるか」と自身の考えを率直に言ってくれれば、素直に「わかりました」と言うだけの話だった。

ところが、森さんはまず、僕たち選手の意見を聞こうとした。その際に「秋山のサードはスローイングが甘い」と難点を挙げる。だから、僕は「秋山の打球への反応は12球団でも最高です」と反論した。そして、「秋山のサードの動きは、誰もまねできません」と森さんに伝えた。

その上で、森さんから「どう思うか？」と尋ねられたので、「清原は高校野球のスーパースターですが、プロの実績はまだゼロです。そう考えたら、最初はいちばん得意なポジションであるファーストでプレーさせてみたらどうですか？」と意見を言った。まずはファーストでプレーさせてみて、この動きだったらプロのサードでも務まるというのを見極めてから、サードに回せばいい。

だが、それから、森さんとの関係が少しギクシャクし始めたように思う。僕は「新人である清原ひとりのために、３つのポジションを代えるのはチームにとってもリスクではないか、あまりいいやり方ではないでしょう」と自分の率直な考えを伝えたにすぎない。単刀直入に自分の意見を言ったつもりだったが、人間関係は難しい。選手に意見を聞くのはいいことだと思うが、最後は監督がきちんとまとめるべきだと思った。

１９８６年は僕のバッティングの調子も良くなく、出場機会も少なくなった。１０６試合に出場して打率２割６分５厘、８本塁打。移籍１年目よりも数字を下げた。

ただ、２年連続で出場した日本シリーズでは、森さんに勝負師の姿を見た。レギュラーシーズン中は毎日、２時間以上もミーティングを行なうようなチームだった。が、広島と対戦した日本シリーズでは、第１戦を２－２で引き分けたあと、第２戦から３連敗して後がなくなったときに、森さんは態度を一変させたのだ。

「もうミーティングはなし、選手たちだけでやってくれ」。森さんはそう言った。

僕はチームの中心選手だった石毛宏典やエースの東尾修さんらと集まり、「もう開き直るしかない。負けたら次の日に集まってゴルフでもしよう」というようなことを話し合った。

　過去の日本シリーズで0勝3敗から逆転して日本一となったのは、1958年に巨人を破った西鉄ライオンズしかなかった。西鉄のエースの稲尾和久さんが獅子奮迅の活躍を披露して「神様、仏様、稲尾様」と呼ばれたシリーズである。つまり、西武は崖っぷちに追い込まれていたのだ。

　森さんの「ミーティングなし」発言の効果は絶大だった。選手たちは細かなデータを気にせず、自分たちの力をフルに発揮するようになった。

　そして、第5戦からはプレッシャーから解放されたように、勝ち始めた。森さんはシリーズ中、ミーティングを一度もしなかった。チームが1勝3敗、2勝3敗と劣勢を巻き返していくなかでも、前言は決して撤回せず、最後まで選手たちに任せてくれた。

　僕たちがデータを気にしなくなったから強くなったというよりは、大胆に開き直らないと事態を打開できない状況だったのだろう。そして、選手が形勢逆転した流れを変えず、最後まで選手に任せるスタイルを貫いたことこそが、僕が森さんを勝負師だと認めているところだ。

　僕はこのシリーズ、主に1番バッターとして使ってもらった。

10月27日、日本シリーズ史上初となる第８戦が広島市民球場（広島市中区）で行なわれ、西武は３－２で広島を破って３年ぶりの日本一を達成した。楽しい日本シリーズだった。

森さんは西武を率いた９年間で８度のリーグ優勝を果たし、日本一にも６度なった。森さんの前任の広岡達朗さんが就任した１９８２年から伊東勤が指揮官を務めていた２００６年まで、西武は25年間ずっとＡクラス（１～３位）を続けた。すごい組織だと思う。現場とフロントが一体となって強いチームをつくってきた証だと思う。

１９８６年の日本一は、僕にとって初めての経験だった。しかし、翌年のことを考えると、チーム編成は若手への切り替えが進んでいくのではないかという状況になっていた。当然、僕の出番が増える保証はどこにもなかった。

そこで、僕は管理部長として球団運営を取り仕切っていた根本陸夫さんに、「どこかにトレードに出していただけませんか？」とお願いした。突然に通告された中日のときとは異なり、今回は自らのトレード志願だった。

根本さんは管理部長という肩書だったが、チーム編成の全責任を負うような存在で、いまでいうゼネラルマネージャー（ＧＭ）といえばわかりやすいだろう。

人柄は、一言でいえば「親分」。外に出したらいけないことは、絶対に言わない。そんな根本さんだから、僕は素直な気持ちでお願いした。誰にでも簡単に言える内容の話ではない。相手を間違えれば、「なんだ、こいつは」となるだけだ。しかし、根本さんなら話を聞いてくれる。そういうことを感じさせてくれる懐の深い人物だった。

根本さんに「何かあったのか?」と尋ねられたので、30歳を越えていた僕は「このままのチームでは、ちょっとやりたくありません」と思いをありのまま口にした。すると、根本さんは「横浜（大洋ホエールズ）でもいいか?」と提案してくれたのだ。僕は「はい、ありがとうございます!」と答えた。

トレードを即決できる根本さんの人脈、辣腕ぶりは、本当にすごい。家に戻って、女房に「引っ越し先は横浜になりそうだ」と説明した。

そこから、横浜にマンションを探しに行って目星をつけ、買うつもりで手付けまで打った。横浜に行く気になっていたが、ふたを開けてみると、移籍先は大洋ではなかった。トレード先が決まったとの連絡を受け、球団に聞きに行くと、行き先は阪神だった。横浜への準備はご破算になったが、僕は「阪神は関西の球団。生まれ育った地元に戻れる」と根本さんに感謝した。

新天地が横浜ではなく阪神になった旨を伝えると、女房は「芦屋夫人と呼ばれてみたいな」と思いがけない望みを口にした。これも名言だと思う。手付けを打つほど準備していたので、さぞがっかりするかと思ったが、違った。

芦屋は、関西では高級住宅街として知られている町。そこに住んでみたかったのだそうだ。ならば、一緒についてきてくれる女房のためにも芦屋に住もうと考え、３日間、住む場所を探した。僕は野球さえできれば、住むところはあまりこだわりがなく、どこでもよかった。だから、女房の好きなところに住まわせてあげたかった。「芦屋夫人」の一言も、すごく僕をホッとさせてくれた。

急に引っ越しが決まるのは、家族にとっては、大変なことだろう。しかも、転居するときは、キャンプに行っていたりして、いつも僕は家にいない。「パパは引っ越しがどれだけ大変だか、知らないもんね」と女房に言われたことがある。

そのとおりで、僕はよくわからないが、短い期間で荷造りをして、子どもたちの学校の転校の手続きをして……。僕の都合に振り回され、一人で大変だったと思うが、そのあたりのことは、女房はてきぱきとしてくれていた。

ところで、西武時代のエピソードとしては、清原に関してもうひとつ思い出がある。

あるとき、僕はスタジアムのトレーナールームにいた。そこに無言で入ってきた清原は自分の用が済むと、すっと出ていく。僕は呼び戻して「あいさつしてから出て行ったらどうだ?」と声をかけた。

清原はまだ10代。それだけに、早いうちにあいさつの大切さに気づいてもらいたかった。それが、いろいろな人と接する機会が多いプロ野球の世界で円満に過ごす秘訣でもある。そう思ったから、煙たがられてもいいと考え、あえてアドバイスをした。

あいさつは勝負の世界に生きる者同士が良好な関係を築くための潤滑油だと思う。そのとき、清原はうつむいて聞いていた。甲子園のスター選手としてのおごりがあったのかもしれないが、根は素直な好青年である。

監督がいるうちは、絶対にやめない

1987年から5年間、阪神でプレーした。トレードでの阪神入りが決まった際の関西では、期待される報道もあったそうだが、僕はそういうことに関心がないタイプだ。自分のプレーに集中するだけだと思っていた。

そのころは、もうベテランの域に入っていた。外野手の吉竹春樹、左ピッチャーの前田耕司との２対１の交換トレードで加入した１年目は、監督の吉田義男さんの３年目。１９８５年に初の日本一となってからまだ２年しか経っていなかったが、阪神の凋落ぶりは激しかった。チームは最下位に終わり、吉田さんも退任した。

僕は１０４試合に出場したが、打率２割２分１厘で６本塁打に終わった。プロ生活12年目で自己ワーストの結果。せっかくトレードで取ってもらったのに、吉田さんに申し訳ないという気持ちだった。

２年目の１９８８年、３年目の89年は、現役時代に闘志むき出しの「ザトペック投法」で人気を集め、「ミスター・タイガース」と呼ばれた村山実さんが監督としてチームを率いた。村山さんは一本気で、裏表のある性格ではなかった。本当に現役時代同様に情熱的で、試合結果により、喜怒哀楽がはっきりと表に出るタイプの人だった。

以前、チームメイトで主力だった真弓明信や岡田彰布と話をしたときに、話題になった村山さん時代の出来事がある。僕より少し若い世代の木戸克彦や平田勝男に会っても、その話がよく出る。みんな、その場にいた。

出来事の前触れとなったのは、村山さんの監督就任が決まったばかりの１９８７年11月に、阪神甲子園球場で行なわれたファン感謝デーでのあいさつだ。

村山さんは「タイガースは、いまはもう過渡期です」と言いだした。「若い選手を育てないといけない時期なので、ファンのみなさんも我慢してください」という趣旨のことを口にした。

僕は、監督がファンに対して「過渡期なので、(成績については低迷しても)我慢してください」と言うのは、ふさわしくないと思った。

2005年に楽天の初代監督を引き受けたときに、戦力を考えると必ず最下位になると思っていたが、それでも優勝を目指すのは当然であり、優勝を目指して努力するのが、監督の責務であると思う。

指揮官は、1試合でも多く勝つべく、戦い方にこだわる姿勢を見せ続けることが大切ではないか。だから僕には、村山さんが、成績が低迷したときの予防線を張るというか、あらかじめ言い訳を述べているように聞こえた。

翌年のオープン戦のときに、村山さんは若い選手を積極的に使おうとした。のちに阪神の監督を務める4年目の和田豊と大野久、中野佐資の3人を「少年隊」と名づけて売り出した。球団の方針で何人かのベテランは試合に出られなくなった。

仕方がないこととはいえ、勝てる試合が勝てなくなり、いろいろな人に迷惑がかかるようになった。周りで選手を支えているチームのマネージャーやバッティングピッチャー、ブルペンキャッチャーといった裏方の人たちには、チームが勝てなくなると、評価が落ちてしまう。そういう人たちからも不満が出ていた。

それが僕たち選手の耳にも入っていた。それで、ベテランだった僕がみんなの意見を代表して、村山さんに正直に思いを伝える形になった。

いまでも「ベテランと若手、同じ力だったら若手のほうを使う」と話す監督がいる。長くプレーできる若手のほうが重宝され、それを聞けば、ベテランも刺激を受けて奮起するという狙いもあるかもしれない。しかし、僕は適切なやり方だとは思わない。

苦戦が続いたオープン戦の終わりごろ、東京の宿舎で野手陣の全員を集め、「無礼講の意見交換会」が開かれた。

前述の出来事とは、この「意見交換会」のことだ。

まず、中心選手の掛布雅之が、「監督の考えがわかりません。スポーツ新聞に書いてある記事を見て、初めてわかります。新聞記者に話す前に、最初に選手に言ってもらいたい」というような話をして、1988年かぎりで現役を引退することになる柏原純一さんが、「ベテランでも悪いところがあったら、叱ってください」というようなことを言った。うまく場を収めようと思われたのかもしれない。

続いて、村山さんから「田尾、何かないか?」と聞かれたので、「ベテランは使われない」と感じていた僕は、「(次世代の選手を売り出すための方策として)若手、若手もありでしょうけど、それよりも、勝つためにどうするかを考えた野球をしてほしい」というような内容の話をした。その場で村山さんがどんな反応をされたのかは、覚えていない。

ただ、木戸も平田も、僕のストレートな発言に固まってしまったそうだ。僕のＹｏｕＴｕｂｅチャンネルに出演してくれた真弓によると、村山さんは僕の発言を聞いて、顔をこわばらせたようだ。

その後、レギュラーシーズンが始まって、ある1打席の内容を理由に、二軍行きを命じられた。

名古屋での公式戦。いつごろだったかはっきりと覚えていない。僕は代打で登場し、見逃しの三振をした。その夜、遠征先の僕の部屋までやってきた打撃コーチに、「二軍に行ってくれ。ベテランらしくないバッティングだった」と指摘された。

このときも、僕は「わかりました」と答えただけ。コーチには「明日は休んで、その次の日から行ってくれればいいから」と猶予期間を与えてもらったが、僕は即座に「明日、朝一番で関西に帰って練習しますと」と告げた。

そのときに、「これは、僕を解雇しようとしているのではないか？」というのを肌で感じた。僕は、勘はいいほう。それには絶対、反発しようと思った。

だから、村山さんが阪神の監督をしている間は、絶対にユニフォームを脱がないと自分で決めた。そのためには、弱みを見せてはいけない。「やる気はあるんだ」ということをアピールしないといけない。ふてくされた態度をとったらおしまいだと思った。二軍では先頭に立って練習した。自分は腐っていない。若手の見本になるくらいのことをしようと思ったからだ。

僕はとにかく、首脳陣が僕を一軍に上げざるを得ない状況をつくろうと思っていた。二軍にいた間の成績は、ファームのすべてのバッターのなかでも、いちばんよかったと思う。

そして、夏前に声がかかった。コーチから一軍復帰を告げられた。ずっと二軍で干しておくこともできたと思うが、戦力になるのだったら一軍に上げようと、村山さんが僕の実力を見直してくれたのだ。

１９８８年の成績は80試合に出場し、打率３割、４本塁打。89年は84試合出場で、打率２割８分６厘、５本塁打だった。

この2年間は代打での出場が多かった。代打で力を発揮し、代打の切り札として使われることに魅力を感じるようになった経緯は後述する。

1打席で試合を決める〝切り札〟の魅力

現役時代の僕は「歩くことができるか?」を、コンディションをチェックする上でのひとつの目安にしていた。毎朝ベッドから起き上がったときに「よし、今日も歩けるな。試合に出られるな」という感じで選手生活を送っていた。

ところが、30代半ばの年齢で加入した阪神では先発出場が減り、代打で登場することが多くなった。すると、生活のリズムも変わってきた。

正直、最初は代打の役回りに少し馴染めず、精神的にしんどいなと思っていた。やはり、これまでと同じように、先発フル出場して、4打席から5打席に立ちたかった。

そんな僕に、代打としての転機が訪れた。村山さんが監督のときに代打でサヨナラ本塁打を放ち、「1打席で試合を決められる。それは代打の切り札の大きな仕事だ」と前向きな気持ちになることができたのだ。

このサヨナラ本塁打をきっかけに、ここ一番で代打で登場して試合の行方を決めるほうが、ベテランとして存在感を放つことができると思えるようになった。ポジティブになり、代打の楽しさが少しわかってきた。

打席での考え方も変わった。ずっとレギュラーで出場していたときとは、まったく違う思考だ。

レギュラーのときは1番を打つことが多かったので、「1試合に2回出塁しよう」、そして「1回は後ろの人たちに頑張ってもらい、ホームに帰ってこよう」と考えていた。それがチームを勝たせるための僕のいちばんの仕事だという気持ちでいた。そうすると、野球そのものに対し、ガンガンと自分の欲求を前面に出すわけにはいかない。

たとえば、カウントがツーボールになると、「四球で出塁するために1球待ってみよう」という思考になる。一発逆転するために「積極的に長打を狙っていこう」とは、なかなか思えなかった。とにかく出塁して後のバッターにつなぐ意識のほうが大きかった。

しかし、代打で1打席だけの出場になると、「どうやって目立ってやろうか」という考え方に変わっていく。「チームのために」という意識はもちろんあるが、それ以上に、「どうやって自分という存在の価値を周りにアピールしていこうか」と思うようになる。

そこで大切になるのは、どれだけ前向きな気持ちで勝負に臨めるか。

レギュラーを外されたと腐っていては、何も始まらない。失敗したらどうしようかという消極的な考え方で物事に臨んでいるうちは、なかなか結果は残らない。

たとえば、1点を追う展開、一塁に同点の走者がいる場面で、代打で登場したとする。「次につなごう」では、気持ちがまだ弱い。

僕の基本的な考え方は、「同点の適時打では意味がない。逆転打を打つ」だ。つまり、試合をひっくり返すホームランしか狙わない。そういう強い気持ちで打席に立たないことには、プレッシャーのかかる場面で、いい結果は残せないと考えていた。

バッターボックスでは、まず好結果を頭の中にイメージした。ファーストストライクを必ず振る。そして、「自分が決めてやる」と思うことが大切なのだ。

野球の場合、打率3割をマークする一流選手といっても、7割は失敗する。はじめから失敗を恐れてバッターボックスに立つのは、ばかばかしい。

こうした思考法も、代打を経験して感じたものだ。そんなふうに積極的、能動的に考えていったときに、自分自身が勝負強くなった。

試合に臨むまでの日々のルーティンも変わった。

レギュラーでいたときは、試合に合わせた調整になるため、疲労のことも考えて、練習は軽く済ませておくことも多かった。

しかし、代打で1試合に1打席だけの出場となると、体を動かしておかないと準備不足になりがちだ。だから試合前の練習をしっかりとするようにした。これも、代打で好成績を収められた要因かもしれない。

僕が16年間のプロ生活で放った通算１４９本の本塁打のうち、サヨナラ本塁打は４本ある。村山さんが阪神の監督をしていた時期にしか、サヨナラ本塁打を放っていない。

前述した最初の一発は、二軍に落とされた１９８８年のこと。６月28日に本拠地の甲子園球場で行なわれた巨人戦の延長10回に放った。

ダイヤモンドを一周してみんなに祝福され、ヒーローインタビューを受けたときに、二軍に落とされてからずっと抱いていたモヤモヤが、全部、吹っ飛んだ。「やっぱり野球って楽しいんだ」と思えた。村山さんに対するモヤモヤもなくなった。「純粋に頑張る、野球で結果を残す」と前向きになれた。

その年は３本、翌年の１９８９年が１本。１シーズン３本のサヨナラ本塁打は、当時のプロ野球記録だった。

サヨナラ本塁打を放つことができた原因は、村山さんが監督のときに代打での出場が多く、そういうシチュエーションで登場していたからというのもある。

しかし、いちばん大きいのは、「ここぞ」という場面での勝負強さが身についたおかげだと思う。いまは、村山さんにエネルギーをいただいたことだと感謝している。

冷遇されたときは、精神的にもきつかった。しかし、後々考えると、すごくプラスになっている。「なにくそ」という反発心が糧になり、いい方向になって表われたのだという気がしている。

監督が中村勝広さんに代わった1990年は、119試合に出場し、打率2割8分、11本塁打。単純にバッティングの調子が上向いたことで、先発で出場する機会も増え、5年ぶりに規定打席に達した。

一時、目が見えづらくなった時期もあったが、随分と回復していた。視力を矯正するためにコンタクトレンズを使ったこともあったが、つけていると遠近がわかりにくい。趣味の釣りなどで遠くを見るようになり、好運にも自然と視力も元に戻った。

プロ3球団目は、地元でもある関西屈指の人気球団、阪神タイガースでプレー。ベテランと呼ばれる年齢になってからも打撃力を期待された

縦縞のユニフォームに袖を通した阪神時代、背番号は8をつけた。チームメイトに迎えられ笑みがこぼれる

「それでいいのか？」で引退決断

現役引退を決断したのは1991年。37歳で迎えたプロ16年目のシーズンだった。就任2年目を迎えた監督の中村勝広さんに言われた一言がきっかけだった。

この年の阪神はシーズン初めから、ベテラン勢の調子がみんな悪かった。僕や岡田をはじめ、レギュラークラスがコンディションを上げられずに苦しんでいた。

そんなときに、中村さんに「ファーム（二軍）に行ってくれ」と言われた。僕の成績は確かに振るわなかったが、「もっと成績が悪い選手がほかにいるのに……」という不信感も抱いた。

中村さんは、何を考えているのかが、周囲から察することができるタイプの人だった。人気球団の監督として、選手をどう起用していくか、個々の成績以外にもいろいろと気を使わなければならないことが多いのだろうと察した。

僕は西武からのトレードで入ってきた「外様」。そういうことも関係しているのではないかと思い、「中村さんも自分一人の考えで選手起用を決められず、大変なんだな」と同情してしまった。前任の村山実さんのときのように、反発しようという気持ちにはなれなかった。

だから「二軍に行ってくれ」と言われて、不信感を抱きつつも、とっさに「監督、自分が思うとおりの野球をやってください。僕は今日、現役生活をやめてもいいです」と答えた。「やめてもいいです」と口にした理由は、自分でもよくわからない。

もし、このときに中村さんから「田尾はまだ代打で必要だ。そのために、二軍で一度調整してきてくれ」と諭されたら、このまま頑張ろうと思っていた。

しかし、中村さんから返ってきたのは、「おまえ、それでいいのか？」という問いかけの言葉だった。それを聞いて「もう戦力として必要とされていないのかな？」と思ってしまった。僕は「もういいです」と答え、その日のうちに、球団にも「現役をやめます」と告げた。

監督の言葉ひとつで、選手は生きもすれば、死にもする。グラウンドに立ち続けるモチベーションをどこに求めるか。実績を残したベテランほど、答えを見つけるのが年々難しくなってくるものだ。

上司が投げかける言葉は、気持ちを奮い立たせる大きな要素になる。半面、気持ちを萎えさせもする。力が衰えればやめていかなければならないのが、プロの世界でもある。

しかし、「戦力ではないから、要らない」と言われたり、そうした態度を示されたりしたら、選手はそれ以上プレーを続ける気力は湧かない。

僕は「二軍に行け」と言われた日に引退を決め、コーチ陣にも「お世話になりました」とあいさつした。そのあと、球団のフロントに「引退を報道陣にオープンにしていいですか？」と尋ねると、答えが返ってこない。

「それなら一応、二軍で調整ということにしておいたほうがいいですね」と僕から提案し、ファームに行った。

結局、その年かぎりで、僕は現役をやめた。引退試合みたいな感じで出場させてもらった甲子園球場での最後の打席で、ライト前にヒットを打つことができた。

この1年、いろいろと悩んできたが、ふっきれたような1本が出た。女房や子どもたちもスタンドから観戦してくれた。これでやめられてよかったと思った。

もし、当時の阪神がAクラス（1～3位）入りしていたり、優勝争いに絡んでいたりしたら、無理をしてでももう少しプレーを続けていたと思う。僕のなかでも、将来の展望が見えていなかったからだ。

1985年に日本一となった阪神だが、僕が在籍した87年からの5年は最下位が4度あって、5位が1度。低迷を続けるチームがこれからの1～2年で伸びていけるかと考えたときに、難しいかもしれないと思った。

限られた人生の1年を、Bクラス（4～6位）のチームの年間100打席に費やしてもいいのだろうかという疑問が僕の心に芽生えた。それで、もう現役をやめてもいいのではないかという気持ちになった。

ただ、やっぱり野球の世界はわからないもの。あれだけ低迷していた阪神は、僕が引退した翌年の1992年に優勝争いを繰り広げた。結果は2位だった。「予測」が外れた僕には、それが、ちょっとショックだった。

プロ16年間の通算成績は、1683試合に出場し、1560安打、149本塁打、574打点。通算打率は2割8分8厘だった。

背番号は中日、西武時代は「2」、阪神時代は「8」をつけさせてもらった。オールスターゲームにも7度、選んでいただいた。

僕の引退決断に、女房も「やめたらいいいんじゃないの」と同調してくれた。「お疲れさま」という感じだった。うちの女房は基本的に、プロ野球選手と結婚したという意識はあまり持っていなかった。

「田尾安志という人間と結婚しているのであって、現役選手でいる間は、ファンの人から自分が預かっているような気持ちになり、逆にしんどかった」というような話を打ち明けてくれたことがある。現役を退けば、そういった葛藤もなくなり、やっと夫が自分のものになる。そういう気持ちになれて、ホッとできたようだ。

あとで聞くと、女房は「引退のときだけは、相談してくれた」と言っていた。それまでは、相談せずに僕ひとりで即決してきたからだろう。しかし、女房に「やめる」と告げたのは、結局は事後報告だった。二軍行きを命じられ、その場で「やめます」と言ってしまっているから、事前に相談したわけではない。

本当に僕は行き当たりばったりで、後先を考えない性格だと思ってしまう。しかも、現役を引退して、次は何をして食べていこうかなんて一切、頭になかった。僕の人生はいつもそうだが、次にどうするというのは、まったく考えない。かなりの危ない橋を渡ってきたと思う。こればかりは、あまりおすすめできない。

第6章

引退後はキャスターへと転身

初体験のキャスター、聞き役に徹する

1991年シーズンかぎりでの引退が決まり、それがメディアで報じられると、ありがたいオファーが次々と届いた。誘ってくれたのはいくつかのテレビ局だった。先のことを考えずにユニフォームを脱いだが、これで引退後の生活はどうにかなりそうだった。

現役時代は球団が遠征時の飛行機や新幹線のチケットを手配し、ホテルなども予約してくれる。とくに一軍選手はプレーだけに集中できる環境にある。しかし、引退すれば、当たり前のことだが、サポートしてくれる人はいない。これから忙しくなりそうだったので、親交のあった歌手のさだまさしさんの芸能事務所「さだ企画」にお世話になり、マネジメントしていただくことになった。

いくつかのテレビ局から野球解説者としての話があったなかで、フジテレビからのオファーは『プロ野球ニュース』のキャスターだった。

『プロ野球ニュース』はフジテレビの名物番組だった。最初は1961年にニュース番組

の１コーナーとして始まり、一旦は番組終了となったが、僕がプロ入りした76年に放送が再開された。当初は午後11時を回ってからの30分番組で、僕が尊敬する元プロ野球選手の佐々木信也さんが平日の初代キャスターを務め、人気を博した。

僕は週末のナイター試合後に放送される金曜日と土曜日の枠を担当する大役を任されることになった。キャスターは解説者とは異なり、番組が放送されている間、テレビ画面にずっと顔を出し続けることになる。

なぜフジテレビが僕を起用しようとしたのかはわからないが、プロ野球選手出身者をキャスターに抜擢することで新機軸を打ち出そうとしていたのかもしれない。そうするなら、引退して何年も経っている人よりも、ユニフォームを脱ぎたてほやほやの僕のほうがいいとなったんじゃないだろうかと思う。

仕事内容は、解説者とキャスターではまったく違っていた。

聞かれたことについて話すのが解説者の主な役割だが、キャスターは自分が聞き役になり、解説者の的確なコメントを引き出しながら、番組を「作品」として視聴者に見てもらわなければならない。

選手時代に取材を受けていたときは、基本的に何かを聞かれ、それについて答えるだけだった。聞き役となるキャスターの立場は新鮮で、学ぶことが多かった。

キャスターとして心がけていたのは、僕が話を聞く選手や解説者が世間に悪い印象を持たれることがないようにしたい、ということ。僕と接する選手や解説者に対して、視聴者にいい印象を持ってもらいたい。選手や解説者には、気持ちよく話せたと思ってほしい。そのなかでしっかりと、本質を話してほしい。そういう願望があった。

一方で、選手のときと同じだが、とにかく自分が思ったことを素直に、番組で伝えようと思っていた。僕の意見が世間に受け入れられる、受け入れられないは、あとで視聴者が決めること。「田尾の考えは要らない」と言われたら、キャスターをやめればいい。

視聴者に同調してもらうにはどうしたらいいか、という発想から入ると、だんだんと気持ちがモヤモヤとしてくる。ある意味、僕はずっと、自分の考えを話すようにしていただけだった。

2005年に楽天の監督をしていたときもそうだが、僕は気持ちがモヤモヤして眠れないという経験をしたことがない。いつも言いたいことをはっきりと言っているから、そうした感情が胸の中にたまっていないのだと思う。

広島で活躍し、引退後に解説者になっても人気者だった達川光男が、「田尾さんみたいな自由に意見を言える立場がいちばんいい」と言ってくれたことがある。なんでも遠慮なくしゃべる達川が、そんなふうに見てくれていたのは意外だった。

僕も、自分で「自由に意見を言うのがいちばん」だと思っていたので、テレビ局の意向に合わせてキャスターの仕事をさせてもらっているという意識はなかった。「意見が合わなければ、解雇してください」というくらいの気持ちで、ずっとやっていた。

はじめのころは、元バドミントン選手の陣内貴美子さんが番組のアシスタント的な役割を務めてくれた。その後は『プロ野球ニュース』が若い女性アナウンサーの登竜門のような流れになった。のちに看板アナとなった西山喜久恵さんや、東京五輪・パラリンピック招致で活躍された滝川クリステルさんとも一緒に仕事をした。フジテレビの人気アナウンサーは『プロ野球ニュース』でお茶の間の人気者となって、羽ばたいていった。あくまでメインキャスターは僕だったので、次第に責任感も強くなっていった。

プロ野球ニュースは東京のスタジオで収録があり、ナイターの試合が始まる前にスタジオ入りする。試合を見ながら打ち合わせなども行なった。

リハーサルはなく、オンエアまでに自分の考えを整理する時間は、あまりなかった。いまのテレビ番組では考えられないが、タイムスケジュールは紙切れ1枚だけ。たとえば、関根潤三さんとの掛け合いが1分とか2分とか、時間の割り当てだけが書いてあった。

しかし、何かしっかりしたことを話そうと思うと、やはり試合を見て、しかも関根さんが話したいテーマをわかっていないといけない。

ところが現実には、番組中に初めて試合のハイライト映像を見ることも多かった。その映像を真剣に見て、感じたことをアドリブで聞くことも、たびたびあった。短い時間で、映像や試合を見て、勝負の分かれ目や試合のハイライトを瞬時に見極めるという作業は、自分自身にも勉強になった。

まったくの素人をいきなりキャスターで起用したわけだから、起用したフジテレビも大変だったと思う。キャスターらしい話し方とか、表情のつくり方とか、一度も勉強していない。当時はほとんどが生放送。間違ったことを言っても、全部オンエアされてしまう。

ある意味、鍛えられた。「間違ったから、編集してカットしてください」などとは言えない。ただ、僕はそういう緊張感も楽しかった。失敗談としては一度、番組中に僕の携帯電話が鳴ってしまったことがある。よく考えてみると、怖い番組だった。

キャスターになってからは野球以外の取材も経験した。

サッカーのワールドカップ（W杯）にも行ったことがある。日本代表が初めて出場した

98年のフランス大会だった。初戦の日本対アルゼンチン戦も観戦して、野球とは異なる熱狂ぶりに感心した。

自動車レースの最高峰、フォーミュラ1（F1）の取材にも出かけた。英国グランプリ（GP）の会場、シルバーストン・サーキットの様子はよく覚えている。意外にも年配の観客が多かった。キャンピングカーで来ているような人もいて、落ち着いた雰囲気が特徴的だった。本当に、いろいろな経験をさせていただいた。

先輩の佐々木信也さんに励まされ

『プロ野球ニュース』の先輩には、プロ野球選手から転身したスポーツキャスターの第一人者ともいえる、佐々木信也さんがいる。

あとからテレビ業界に飛び込んできた僕は、佐々木さんから多くを教わった。佐々木さんは2023年に90歳を迎えられるほど高齢になられたが、現在も親交が続いている。

佐々木さんは一途な生き方を貫いた人でもある。慶應義塾大学から1956年に現在の千葉ロッテマリーンズの系譜に属する高橋ユニオンズに入団。強打の内野手で、1年目に新人ながら154試合全イニングに出場し、打率2割8分9厘、180安打の大活躍を披露した。高橋ユニオンズが57年に大映スターズに吸収され、58年には毎日大映オリオンズ（大毎）と球団が名前を変える激動の時代にプレーし、実働4年でユニフォームを脱いだ。

戦力外を通告したのが、のちに『プロ野球ニュース』の解説者も務めた西本幸雄さんだった。

西本さんは大毎の指揮官を務めた後、阪急ブレーブス（現オリックス）を5度のリーグ優勝に導き、近鉄でも2度、ペナントレースを制した。日本シリーズでは一度も勝てなかったが、20年の監督生活で計8度のリーグ優勝を果たした名将だ。

佐々木さんは「プロ野球選手の僕を解雇したのは西本さん。西本さんのせいで、選手をやめることになった」と言って譲らない。

僕は西本さんからも直接、話を聞いている。西本さんは「じつは、あのときに大毎にはセカンドの選手が4人いた。佐々木はプロ野球選手でも食っていけるが、たぶん、野球選手ではなくなっても生活できる。それぐらい弁が立つから。彼は違う世界に行っても、やっていける人間だと思った」と釈明していた。

内情を聞けば、当時の大毎は予算が潤沢ではなく、とにかく誰かを解雇しないといけなかったそうだ。あとの３人の選手は解雇したら、おそらく生活が破綻してしまう。野球をやめたら生計を立てていけないように思えたらしい。監督の立場で誰かを解雇しなければならないとなったときに、選手以外の職業に就いても生きていけそうなのは、佐々木さんだけだった。そんなふうに、西本さんは僕に説明してくれた。

その話を佐々木さんに伝えたことがある。それでも、佐々木さんは「事情はどうでもいい。僕が解雇されたということ自体に変わりはないわけだから……」と自説を曲げなかった。

たしかに、プロ野球で頑張って生きていこうと思っていた一人の選手としては、球団の懐事情でユニフォームを脱がされるのは、納得がいかないだろう。佐々木さんと西本さんの２人のやり取りが示唆するものは、気持ちの整理のつけ方だと思う。

人はどうすれば後悔することなく次のステージに進めるのか、どうなったらくよくよせずに、前を向けるのか。大切なのは、自分と向き合える環境ではないだろうか。

だから僕は、プロ野球選手が現役を引退するときに、「監督がダメだった」とか、「コーチの言うことを聞いて失敗した」とか、他人に責任を押し付けるケースを減らしたいと思っている。「周りにいる選手がすごかった」「自分の力が足りなかった」。多くの選手がそう自分の成績やプレーと向き合って去っていける野球界であってほしい。そのほうが、やめる選手も後腐れがなく、前向きに次のステージに進めるだろう。

雇用している球団側も、会社として決まったことを事務的に伝えるだけでは、人生を懸けて野球に打ち込んできた選手は簡単には納得できないことを知るべきだ。球団としての方針を話す前に、相手の考えや思いを聞いて理解しようと歩み寄ることはできないのだろうか。選手へのリスペクトがあれば、おのずと接し方も違ってくるだろう。

先日、ある元プロ野球選手に僕のＹｏｕＴｕｂｅチャンネルに出演してもらった。

２０１８年から2年間、横浜に在籍した寺田光輝くんだ。一軍での登板はなく、戦力外となって引退した後、東海大学の医学部に編入学した。いまは、医師国家試験の合格を目指して学業に励んでいる。プロ野球では、引退後に医師に転じた例は聞いたことがない。寺田君が日本人第1号となれば、素晴らしいことだ。

プロ野球選手になる夢をかなえ、そこで実力の差を痛感して次のステージとして医師を目指している寺田くんの姿から学ぶことができるのは、失敗を経験することの大切さではないだろうか。誰でも、うまくいかないことはあるもの。そこで落ち込んでやる気をなくしてしまうのではなく、失敗を肥やしにできるか。それが人生を楽しいものにするか、つまらないものになるかを分けると思う。

佐々木さんは『プロ野球ニュース』の先輩キャスターだし、新聞に書いている僕のコラムもよく読んでいただいている。時折、電話もくださる。「今回のコラムはよかったね。いい内容だった」と褒めていただける。

人生経験が豊富な佐々木さんに、「こんな鋭い指摘は田尾じゃないと書けない。なかなかね、ほかの人じゃ書けないよ」と言ってもらえるのがうれしい。

佐々木さんにも『ＴＡＯ ＣＨＡＮＮＥＬ』に一度登場してもらい、じっくりと話を聞きたいと思っている。そういう意向も伝えた。もうそれなりの年齢なので、自分から外に向けて発信される場が少なくなっているようだ。

だから、そういう意味でも、発表の場としては地上波のテレビ番組などと比べると格段に小さいけれども、僕のＹｏｕＴｕｂｅチャンネルで佐々木さんの考え、思いをみなさんに知ってもらうのは、いいことだと思う。

東京在住の佐々木さん以外にも、長く会うことができていないが、話を聞きたい人はたくさんいる。話を聞かせてもらうだけで、すごく楽しい。何人に『ＴＡＯ ＣＨＡＮＮＥＬ』の動画を見てもらうとか、視聴回数が何万回に達したとかよりも、番組をつくっている僕自身がいちばん楽しませてもらっている。ＹｏｕＴｕｂｅがなかったら、一生お会いすることがなかっただろうと思う人がいっぱいいる。

楽しかった『プロ野球ニュース』のキャスターは、幾度かの交代を経ながらも２００４年まで断続的に続けた。

そして、意外な形で新たなキャリアの話が舞い込んできた。みなさんの記憶にもあるだろう、東北楽天ゴールデンイーグルスの初代監督への就任の打診だ。

第7章

楽天初代監督は、地獄に落ちる覚悟で

監督要請「地獄に落とすのか」

2004年はプロ野球界にとって、激動の年でもあった。未曾有の球界再編問題が起きたのである。

大阪近鉄バファローズとオリックス・ブルーウェーブの合併構想が明るみになったのが6月。堀江貴文さん率いるライブドアが近鉄の買収に乗り出し、球団数減に伴う1リーグ化が話題となった。

こうしたなかで、三木谷浩史さんの楽天も球界参入を表明。一方、古田敦也が会長を務めていた日本プロ野球選手会は合併に反対し、9月18日・19日にはプロ野球史上初となるストライキが行なわれた。

野球ファンの後押しもあって、事態は一気に動いた。楽天は9月24日、一騎討ちとなるライブドアと同じく宮城県をフランチャイズ（地域保護権）とする新球団の加盟を申請した。僕が初代監督に就任することが発表されたのは、10月13日だった。続いてチーム名を「東北楽天ゴールデンイーグルス」とすることが決まり、11月2日のプロ野球オーナー会議でライブドアを退け、楽天の正式加入が認められた。

チーム名の「ゴールデンイーグルス」は、1993年に世界自然遺産登録された東北地方の白神山地に棲息する猛禽類の「イヌワシ」にちなんだもの。イヌワシの英名がゴールデンイーグルである。プロ野球に新規参入球団が生まれるのは、千葉ロッテマリーンズの系譜に属する高橋ユニオンズが54年に誕生して以来、半世紀ぶりだった。

水面下で行なわれていた僕への監督就任の経緯は、ゼネラルマネージャー（GM）を務めていたスポーツ評論家のマーティー・キーナートから僕のところに電話があったのが最初だった。

マーティーは楽天トップの三木谷さんが球団運営に乗り出すきっかけをつくった人物でもある。僕とは、そんなに面識があったわけではなく、電話の内容は「新しいチームをつくるので、相談に乗ってほしい」ということだった。

就任発表のしばらく前に東京都内のレストランで、僕とマーティー、球団代表の米田純さんを加えた3人で食事を一緒にしながら、「新しいチームの監督を誰にするのがいいか」と話し合った。具体名は控えるが、たくさんの候補者の名前が出た。僕は、候補者として挙がった人物について、優れているところはここ、一方で課題となるのはここ、と自分が思うことを具体的にしっかりと伝えた。

食事も終わりかけたころに、マーティーから「ところで田尾、一度、監督をやってみないか?」と唐突に監督就任を打診された。

僕には突然のオファーだったが、楽天側はおそらく事前に、オーナーの三木谷さんとマーティーらとの間で打ち合わせていたのだろうと思う。「田尾に声がけしますよ」というところまでは決めていたかもしれない。しかし、僕は監督を引き受けるのはしんどいと思った。だから、「マーティー、僕を地獄に落とすのか?」と返した。

そして、「戦力を考えると必ず最下位になるんだよ。最下位の監督がどうなるか、知っているのか?」と尋ねた。やじられっぱなしで「監督に能力がない」とか言われ、ファンからも強烈な罵声を浴びせられるだろう。

楽天の初代監督を引き受けるということは、そんな状況でチームを指揮していくことになるという話をした。オファーを受けるつもりは毛頭なかった。

女房も、僕が現役を引退するときに「もうユニフォームを着てほしくない」と言っていた。だから、今回の話を嫌がるだろうと思いながら、一応電話だけはしようかと考えて、席を外した。

そこから家に電話をかけて、「監督就任の話があったんだけど、断ろうか？」と聞くと、女房はまたしても意外な反応を見せた。

「パパ、監督はたくさんいるけど、初代監督なんて1人しかいないんだよ」

「2代目も1人しかいない」と心の中で突っ込みを入れつつ、「監督になれって言ってるの？」と聞き返した。

僕自身、一人の野球人として、一度はプロ野球チームの監督をやってみたかった。たくさんの監督のもとでプレーし、いろいろな思いを抱いていた。自分ならどんな監督になれるのかは、プロ野球選手なら誰しも一度は考えることではないだろうか。しかし、女房が嫌がるのだったらやめようと思っていた。

この話を引き受ける厳しさを女房がどれほど理解していたかは定かではないが、「初代監督は1人しかいない」という、迷言かもしれないような名言で背中を押してくれた。女房が前向きに思ってくれているのであればと、僕も前向きに話を聞いてみたくなった。結局、その席で引き受ける方向で返事をした。

監督就任に関する契約金などの条件は、後日に詰めることになった。

最初に提示された契約金は、あまり高くなかった。これでは、いまからやろうとしている仕事量を考えると、どうにもならない。当時の僕の生活は、経済的なものも含めて、なんの支障もなかった。家族や友人たちとの楽しい暮らしがあって、自分の時間も取れている。だが、ひとたび監督になれば、その生活をまるっきり変えなければならない。しかも、戦力を考えれば、チームは最下位になることが見えている。

たしかに人生のなかで一度は監督をやってみたかったが、僕にとってのメリットは、そんなにないと思った。だから、僕は「申し訳ないが、今回の話はなかったことにしてほしい」と一度はお断りした。

そうすると、その日の夕方に電話があって、もう一度会って話をすることになった。提示された条件が変わり、それなら考えようかというレベルに落ち着いた。結局は1年で解雇されることになるが、球団からの打診で3年契約を結んだ。

火中の栗を拾うつもりで監督を引き受けたのには、格好をつけるつもりはないが、もうひとつの理由があった。「新球団がしっかりしないと、野球界全体がダメになる」という強い危機感があったからだ。一人の野球人として、プロ野球界が発展するために、貢献したい気持ちも強かった。

僕の仕事は、所属している選手全員が「働きがいがある」「プレーし続けたい」と思えるような「いいチーム」をつくることだと思っていた。３年間でプロのレベルとして恥ずかしくない礎を築き、次の監督にバトンを渡す。さらには、東北に根ざし、地元ファンに愛されるチームにする。欲を言えば、三木谷オーナーに野球を好きになってもらいたいとも思っていた。しかし、道半ばで頓挫することになる。

２００４年の11月８日に、オリックスと近鉄の選手を合併球団のオリックス・バファローズと、新規参入球団の楽天に振り分ける「分配ドラフト」が行なわれ、40人の選手の入団が決まった。

さらに、オリックス・ブルーウェーブから戦力外通告された山﨑武司や、横浜から無償トレードで獲得した中村武志、合併球団への入団を拒否した岩隈久志らも加入して１年目の陣容が固まった。

僕の背番号は、阪神時代の「８」を２つ続けた「88」だった。米大リーグでは、球団数を増やす「エクスパンション（拡張）」のときには、既存の全球団が少人数ずつ、選手を新球団に供出する方法を採用していた。僕も監督就任前には、各球団が２人ずつ選手を提供してくれるという話を聞いていた。しかし、その計画はいつの間にか立ち消えとなっていた。

幻の辞表と、感謝の胴上げ

チームづくりは、ゼロからのスタートだった。

初めての春季キャンプは沖縄県・久米島で実施された。プロ野球は2月1日のキャンプインを「球春」と呼ぶ。僕は「楽天はベテランが多いチーム。彼らがモチベーションを高く保ち、チームの力になってほしい」と思っていた。そのうえで、「若手がうまく育ってくれたら」とビジョンを描いていた。ただ、施設なども手探りだったので、小石混じりのグラウンドの石拾いから始めた。

久米島の人たちは選手だけではなく、裏方の名前の幟もつくって、キャンプ地に立ててくれた。そういう温かさや心配りはうれしかった。

監督の重要な仕事は、選手たちに前を向かせ、競争心を駆り立てることだと思っている。選手にフルに実力を発揮させるため、個々の状態と能力を見極め、ひとつでも多くの方策を練る。そして、好き嫌いのフィルターで物事を判断せず、シーズンを通して思い描く野球を貫くことである。なにより指揮官自らが自信を持たなければならない。

僕はキャンプインにあたって、選手たちにこう宣言した。

「いまは全員が同じスタートラインに立っている。キャンプとオープン戦の結果ですべてを見極めて、開幕一軍、二軍のメンバーを振り分ける」

レギュラーと控え選手、若手とベテラン。さまざまな立場の選手を奮い立たせようと言葉で伝えた。

僕の言葉は狙いどおり、ベテラン選手の心に届いた。36歳で復活を懸け、オリックスから加入した山﨑は2007年に本塁打王、打点王の2冠を獲得するなど、楽天でもうひと花咲かせてくれた。僕のYouTubeチャンネルに出演してくれたときに、山﨑は「あのときに田尾さんに拾ってもらったおかげ。正直、ユニフォームを脱ごうかと悩んでいたが、田尾さんが『年齢ではなく、結果で判断する』と言ってくれたのは、うれしかった」と言っていた。

選手を色眼鏡で見て、チャンスを与えなければ、腐ってしまう。えこひいきをしていると思われても、腐ってしまう。全員を公平に競わせたかったから、二軍にいる選手にも、一軍昇格に必要な条件をきっちりと設定した。

とくに楽天は、35歳を越えるベテラン選手が17人もいるチームだっただけに、そういう

楽天の初代監督に就任。
苦しいシーズン中も常に前を向いた。時にはバッティングピッチャーも

結果は最下位に沈んだが、
選手・コーチたちはよくついてきてくれた

選手が野球に打ち込めるように、細かく気を配った。言い方は悪いが、瀬戸際の人たちが多かったから、チーム内の競争をどうするかは大きな課題だった。

先発ピッチャーなら二軍の試合で6回を自責点3以内に抑える「クオリティースタート」を2試合連続、中継ぎピッチャーなら1回無失点を3試合連続で達成したら、必ず一軍に昇格させた。

ミーティングでは、その方針を繰り返し説明した。明確かつ具体的な条件を示して確実に伝えることで、選手たちのモチベーションは高くなると思ったからだ。

また、一軍と二軍の距離をできるだけ縮めたいとも思った。一軍のチームが勝利したら、二軍のバッティングピッチャーやトレーナーといった裏方のスタッフまで勝利給と呼ばれるボーナスが渡るようにした。「一軍がひとつでも多く勝利を挙げる」という目標が明確になり、チーム全体の士気が上がると考えたからだ。

現役選手のときは高い評価を得なければ、この世界では生き残っていけない。だから周りの評価が大事になる。しかし、チームを預かる監督は違う。

選手やファンにいい思いをさせてあげるにはどうしたらいいのか考えると、自分がどう評価されるかは、まったく頭からなくなる。自身の評価を優先した行動は、間違いなく選手に見透かされるものだ。

また、選手が結果を出せないときに、指揮官が「おまえはダメだ」と拙速に断じると、両者の信頼関係は一気に崩れてしまう。自分の考えを先に言って上から押さえつけるのでは、選手は何も言えなくなる。

本当に力のある選手なら、上からの圧力も奮起するエネルギーに変えられるものだが、最近の若手は自信をなくしてしまうケースが多い気がする。組織を預かる者は、まずは部下の話をよく聞き、何を悩んでいるのか理解することが大切だろう。選手に責任を押しつけず、「逃げ道」をつくってあげることも重要だ。

「チームは家族。監督は選手やコーチを導き、守る必要がある」

そういう思いでいたので、僕はまったく怖いものなしだった。ただ、監督は現場でいちばん強い立場であることも忘れてはいけない。常に自省し、より正しい方法を模索する思考の柔軟性を持つべきだとも思っている。

厳しい船出には違いなかった。開幕までに、本拠地のフルキャストスタジアム宮城（現楽天モバイルパーク宮城＝仙台市宮城野区）の準備が整っていなかったので、オープン戦の間も各地を転々とした。そういうドタバタのなかでチームをつくっていった。

シーズンが開幕すると、厳しい戦いを強いられた。

日米大学野球選手権大会で一緒にプレーするなど大学時代からの知り合いで、人間的にも優れていた山下大輔さんや、現役時代に人気、実績ともに申し分なかった駒田徳広らを監督の手足となるコーチとして自ら招聘して組閣したが、正直なところ、1年目から勝てるほど野球界は甘くないと思っていた。

3月26日のパ・リーグ開幕戦、エースの岩隈の完投で千葉ロッテマリーンズに3－1で勝って記念すべき球団初勝利を挙げたが、翌日の3月27日は0－26と記録的な大敗を喫した。しかし、慌てることはなかった。

僕は現役時代から「◯◯だから頑張ろう」という考え方をしないタイプの人間だ。「目の前の一試合を精いっぱいプレーする」との信念を持ってグラウンドに立ってきた。

楽天の監督時代も、同じ気持ちで臨んだ。目の前の一試合のために、力を尽くさなければならないと思った。だからこそ、全力疾走しない、守備のカバーやバックアップができていない、というような緩慢なプレーは改めさせた。

「必ずヒットを打て」ということは難しいが、全力疾走はやろうと思えば誰でもできる。そういうところをしっかりやる。塁に出たら、一球ごとにスタートを切る。「こういうことはチームの方針だから、きっちりしてほしい」と選手に伝えていた。

また、チームが悪い雰囲気にならないよう、コーチたちには「明日は絶対に今日と違う日になる。とにかく、選手には明るく接してほしい」と言い聞かせていた。

毎試合後にコーチミーティングを行ない、率直な意見も求めた。「こんなことを言ったら監督が気を悪くするのでは」「監督の考えと違うことは言うべきではないのでは」などと忖度せず、思ったとおりの意見を出し合おうと促した。

一方で、球団経営のやり方には、唖然とさせられることも多かった。

開幕直後の4月の連敗を受け、球団上層部の意向で、ヘッドコーチの山下さんを二軍監督に配置転換することになった。駒田も二軍打撃コーチに降格。まだ、開幕したばかり。選手とコーチ陣の間に問題が生じているわけでもない。しかも、2人は僕がお願いして来てもらったコーチたちだ。僕は頭にきた。

「もし（今回の降格人事が原因で）山下さんがユニフォームを脱ぎたいと言ったら、一人では脱がせないよ。そうなったときは僕にも責任がある。一緒に脱ごうと思う」と女房に伝えた。すると、女房は「パパ、そのときに山下さんと一緒にやめなかったら、パパじゃないよ」と言ってくれた。この一言が効いた。これが、女房の4つ目の名言。もし、「やめてどうするの？」と言われていたら、考え込まないといけなかった。本当にうれしかった。

僕は辞表を書いて、翌日に球団に持っていくと、山下さんは二軍監督を引き受けてくれていた。僕のシーズン途中の退団もなくなった。女房は「パパが監督をやめても、なんとでもなると思っていた。それよりも、パパが人としてダメになるのが嫌だった」と言ってくれた。女房はいつも、そういう観点で僕と接してくれていることがありがたい。

1年目の楽天はなかなか勝てず、シーズン中の4月と8月に2度の11連敗を喫するなどして、38勝97敗1分けで案の定、最下位に終わった。

正直に言えば、「１００敗しなくてよかった」というレベルだった。戦力不足を露呈して大差の最下位に終わったが、選手は最後までやる気をなくさなかった。単に、ほかの球団よりもチームの力がなかっただけ。プロ野球は、力がなければ勝てない勝負の世界だから、これは仕方がない。

ただ、自分なりに、こういうチームをつくりたいという方向だけは間違えないようにした。「オーナーの三木谷さんにいくら言われても、正しいと思うことしか、僕はしません」と最初に球団幹部に宣言していた。「言いなりになる監督がよければ、早く解雇したほうがいいですよ」とも話していた。

ある意味で楽天は、オーナー主導のチームだと思う。だからこそ、僕はオーナーの三木谷さんとしっかり意思疎通を図りたいと思い、お会いしたときに「1年目の新米監督なので、不安はいっぱいあるでしょう。なんでも直接言ってきてください。直接じゃないと、話が曲がってしまう可能性もあるので」とお願いしていた。

しかし、残念ながら直接的な話はなかった。もちろん、日本を代表する実業家でもある三木谷さんは多忙で、オーナーだからといってプロ野球だけに注力はできず、現場監督の僕と話す時間も取れなかったのかもしれない。だけど、僕はもっと密にコミュニケーションをとりたかったというのが偽りのない本音だった。

こうして迎えたシーズン最終戦。福岡ソフトバンクホークスとの試合後に、選手たちに胴上げされた瞬間は、僕の野球人生のなかで、最高のシーンだ。

選手時代にリーグ優勝したり、日本一になったりしたこともあったが、その経験を超えたと思った。大差で最下位になったチームの監督で、しかも1年で解雇。僕は最初、胴上げされるのを「恥ずかしいから、やめてほしい」と断った。

それでも、選手たちは「自分たちの気持ちです」と言ってくれた。それが、うれしかった。ＹｏｕＴｕｂｅのトークライブで、女房に「あのときは泣いていたね」と指摘されたが、それくらい感動した。

ファンの温かさに触れた

東北のファンの温かさは、いまでも心にしみる。本拠地でやじられた記憶がほとんどないくらいだ。地元に新しい球団が生まれ、応援しようという思いが強かったのだと思う。７試合をして２試合しか勝てないチーム。ペースでいうと、２勝５敗のチームだったが、ものすごく盛り上がっていただいた。地元での１勝を、優勝したのと同じくらい喜んでくれたことを思い出す。

セ・リーグの中日や阪神でプレーしてきた経験からいえば、負け続ければ、やじられるのが当たり前だった。

しかし、僕のあとに楽天の監督を務めた野村克也さんも言っていたが、東北のファンはそうではなかった。すごく我慢強いところがあって、寒くても、一方的に負けていても、最後までスタンドに残って試合を見てくれる温かいファンが多かった。

僕は「そこに甘えてはいけない。そういうファンの人たちを、絶対に失望させてはいけない」と思っていた。

選手にも、「結果的に試合に負けてしまうのは仕方ないが、できることは全力で取り組んでほしい。そうじゃないとファンに失礼だ」と大敗した試合のあとに、ベンチ裏に集めて伝えたこともあった。

東北のファンの人たちとは、いまも交流が続いている。

僕が監督をやめたあとには、解任に反対し、続投を求める署名活動が行なわれ、3000人以上の署名が集まったそうだ。初代編成部長で、シーズン途中からマーティーに代わってGM代行を務めた広野功さんも、僕の解雇に納得がいかずに退団した。

2022年に17年ぶりに広野さんに会って、僕のYouTubeチャンネルに出演してもらった。僕がやめるときの裏話などを話してもらったが、「04年の11月に楽天の参入が決まってから本当にバタバタで、よくスタートできたと思う。いくら負けてもにこやかにマスコミ対応してくれた田尾監督のおかげで、ファンの心をつかむことができた」と言っていただいた。

広野さんによると、仙台で開いた編成会議で僕の続投を確認した30分後に、野村さんの

楽天監督時代、東北のファンの温かい声援に勇気をもらった

後任監督就任決定と記者会見開催の連絡が東京からあったのだそうだ。

球団と当初結んだのは3年契約だったので、女房もその間、仙台に住むつもりでいたし、娘も3年間は向こうの中学校に通うつもりでいた。いまは家族の間で「1年間でも、仙台で暮らせてよかった」という話をしている。

我が家は1995年に発生した阪神・淡路大震災で罹災している。91年にプロ野球選手を引退した僕は、評論家として活動していた時期だった。

1月17日の早朝。家でぐっすり寝ていたら突然、ものすごい揺れに襲われた。家の中にあったいろいろなものが倒れてきたが、幸いにもケガはなかった。家族も全員、無事だった。家の中にいたら危ないというので、みんなで建物の外に出た。

周りで火の手が上がっているのが、3ヶ所くらいで見えた。いたるところで道路が波打ち、寸断されていた。なぜか最初は家の電気が通じていて、ニュースで「死者は11人」という速報を見たが、そんなはずはないと思っていた。実際、6000人を超える方が亡くなられた。あの揺れは、忘れられない。家からまっすぐ南に行ったところを国道43号が東西に貫いている。その上を高架の「阪神高速3号神戸線」が走っている。地震により、神戸線の道路は落橋していた。

このままでは家に住めないというので、女房の実家を頼って40日くらい避難生活を送った。

そういう経験をしているだけに、2011年3月11日に東北地方を巨大津波が襲った東日本大震災のときは、楽天の監督時代に知り合いになった人たちの安否が、ものすごく心配だった。

趣味の船釣りで何度か利用した宮城県塩釜市の船長さんと、連絡がとれなくなった。何度、電話をかけてもつながらない。海の近くに住んでおられたので、被害に遭われたのではないかと半ば覚悟していたら、数日経ってから「大丈夫でした」と連絡があった。これには本当に胸をなでおろした。

楽天は、東日本大震災で被災された方々の思いも背負うチームになっていると思う。被災当時は中日の先輩でもある星野仙一さんが監督を務めていた。キャプテンはヤクルトに移籍して2022年かぎりで現役を引退した、キャッチャーの嶋基宏だった。

嶋が2011年4月2日に札幌ドーム（札幌市）で行なわれたチャリティー試合の前に、スピーチで口にした「見せましょう、野球の底力を」の言葉は、大きな反響を呼んだ。同年の流行語大賞の候補にもノミネートされた。野球というスポーツが、多くの人に勇気や元気を与えられる力を備えているというのは、一人の野球人として誇りに思う。

２０１３年にはエース、田中将大の24勝無敗の活躍もあり、星野さんの指揮のもと、初のリーグ優勝を飾って日本一になった。

ずっと応援し続けてくれていた東北のファンの人たちが、どれほど喜んだことか。ただ、近年は嶋といい、２００７年に本塁打王のタイトルを獲得した山﨑武司といい、将来、球団を支えていくべき人材を、簡単に放出しすぎている気がする。もったいない。そういった人材は、自チームで花道を飾ってあげるくらい大切に扱うべきだと思う。

引退後も球団に残し、指導者やフロントとして育てていけばいい。そうした選手を大事にする風土をつくりあげることで、「チーム愛」も醸成されていくのではないだろうか。そのあたりは、今後の球団経営に携わる人たちが考えていくことだろう。

いずれにしろ、僕にとっては、楽天で監督を務めた1年は、ファンのありがたさを肌で感じた時間でもあり、強がりではなく、自分には最高の1年だった。野球人としていちばん充実した1年を過ごさせてもらった。一日一日が刺激的だった。楽天の初代監督に誘ってもらい、本当によかったと思っている。

第8章

家族と共に生きがい見つける

釣りにマラソン、ギター

僕は野球以外にも、多趣味な人生を送っている。

そのうちのひとつが釣りである。最初は小さいころに、おやじに自転車に乗せられてハゼ釣りに出かけたことがきっかけだった。

大阪の淀川や兵庫の武庫川、大阪の町中を流れている安治川で釣った覚えもある。1年に1~2回は隣県の和歌山まで船釣りにも出向いた。あのころは船に乗ると、たくさん釣れた。

野球を始めてからは、野球のことで手いっぱいで、一時は釣りから遠ざかっていたが、選手時代の終盤に阪神へ移籍してから、少し時間的、気持ち的な余裕ができ、オフに釣りを楽しむようになった。スポーツ新聞で、どこで何が釣れているかの情報を調べ、電話をかけて遊漁船に乗っていくスタイルだった。各地の船長さんたちとも仲良くなって釣り好きの輪が広がっていった。

趣味が高じてテレビの釣り番組にも出演させてもらい、多様な釣りを経験する機会にも恵まれた。渓流釣りにアユ釣り、磯釣り……。米国のサンディエゴの沖合でも釣りをしたことがある。船長に頼むと、釣れた魚を三枚におろしてくれるのだが、なんとも雑だった。釣り好きの縁で、国民的娯楽映画『釣りバカ日誌』に出演して、俳優にも挑戦させていただいた。そのときは漁師の役だった。

釣りを再開した最初のころは船長任せで、竿も仕掛けも持っていかなかった。そのうちに、自分で仕掛けをつくったり、仲良くなった船長と相談しながら道具をそろえたりするようになった。血抜きや神経抜きなど、魚の処理方法もいろいろと教えてもらった。すると、想像とは違うことが、いっぱい出てくる。

自分たちでいろいろ工夫もするが、釣りはゴルフなどと違い、基本的に相手（魚）任せ。そういうところも、おもしろい。釣りはかなり奥が深い。

僕が釣った魚を自分で下処理をして家に持ち帰り、女房が料理して食べると、いままでに味わった魚とはまったく味や食感が違っていた。

知り合いに魚嫌いのお子さんがいたが、僕が釣った魚をあげると、食べることができたそうだ。そういうこともうれしかった。

「田尾水産」のワッペンもつくった。発泡スチロールの箱に釣った魚を下処理して詰め、

魚釣りは、やればやるほど奥が深い。釣りの趣味が人生を豊かにしてくれた

そのワッペンを張って知り合いにプレゼントしたりしている。

最近は女房から「ヒラメが食べたい。ちょっと行ってきて。あそこのヒラメがおいしいから」とリクエストをもらうことも増えた。女房はどこで釣ってきた魚がおいしいかをわかってくると、釣る魚の種類、場所まで指定するようになってきた。

野球界では昔、「釣りは危ないから、船に乗るのは禁止」という時期があった。磯釣りのほうが危ないと思うのだが、船での釣りはダメだった。

しかし、船に乗って糸を垂らしているときに、いろいろ考えるものだ。ふとしたヒントを得られることもある。釣れるときよりも、釣れないときのほうがよく考える。そこで、何か新しい発見があるかもしれない。

僕は何かひとつ、打ち込めるものを見つけるのが、人生を豊かに過ごせる秘訣だと思っている。長い人生には思いどおりにいかないときもある。しかし、それをどう受け止めるかが大切ではないかと思う。

苦しいときを一生懸命に前向きに過ごすことで、楽しいときの充実感も増してくる。釣りという打ち込めるものがある分、僕は楽しく生活できている。

人生楽もあれば、苦もある。釣りも同じだ。いつも大漁だと、おもしろくない。何も釣れないときがあるから、たくさん釣れたときの喜びが大きくなる。いまは毎年、釣ったことがない魚を釣りたいと思っている。

もうひとつの趣味だったマラソンを始めたのも、興味本位だった。

中日時代のオフ、ハワイに行く時期が、たまたまホノルルマラソンの開催日と重なっていた。何事も挑戦。マラソンは走った経験がないので一度、参加してみようと思った。ドラフト同期の福田功と一緒に出場した。何万人も走るというので、楽しいのかなと思ったのが、参加の理由だった。なんとか完走はできたが、5時間40分くらいかかった。

そのときには出場していないが、女房ともこれまでに3回ほど一緒にフルマラソンを走っている。

テレビ局のマラソンの取材で、女子のトップ選手だった渋井陽子さんや土佐礼子さんが高地トレーニングを行なっていた中国の昆明に行き、そこで僕がトレーニングコースを代わりに走ってみたこともある。

フルマラソンを何回か走ったあと、テレビ番組の仕事で100キロマラソンに巡り合った。最初は63キロでリタイア。自分のなかでは驚きだった。小さいころから運動してきたが、体が動かなくなる経験は初めてだった。「あっ、なんか動かない」という感覚が新鮮だった。

そして「この場所をしっかり覚えておこう。次の年はここよりも一歩でも前に進もう」と誓った。それを、自分の1年間の楽しみにしようと思った。

翌年は70キロの関門でタイムオーバーし、またもリタイア。3回目にやっと完走できた。久々にうれしかった。なにせ、3年がかりでの目標達成だったのだから。

元タレントでマラソン好きで知られる上岡龍太郎さんは、「スタート地点に立ったところで、マラソンの目標の9割は達成しています。あとの1割は楽しんでください」と言っていた。

どこまで走るとか、何時間何分で完走するとかは、些細なこと。スタート地点に立つまでに、どれだけマラソンのために時間をかけているかを考えれば、9割は達成しているそうだ。そういうところがマラソンの魅力だと思う。

いまは膝の状態が良くないので、ジョギングもできなくなった。だから、もっぱらロードバイクに乗っている。体を動かすのはもともと好きなので、膝が治れば少しずつでも再開したい。

プールも好きだ。仕事で東京へ行くときには、いつもフィットネスクラブがあるホテルに泊まって、水の中に入るようにしている。僕が愛用しているプールは利用者があまり多くなく、一定の金額を支払えば、宿泊客も自由に使えるのでお気に入りだ。

遊びで弾き始めたギターも趣味だった。中日時代に出したレコードは、音楽会社が体に障がいのある人たちを毎試合20人、本拠地のナゴヤ球場に招待するための座席をキープしてくれることが、条件だった。

僕はいいことをしているつもりだったが、球団からは「野球に専念するべきだ。それ以外のところで目立ってどうするんだ」と余計なことをしているように受け取られた。いまでこそ、多くのプロ野球選手がさまざまなチャリティー活動に取り組んでいるが、当時はそういうことをする選手は少なかった。

ゴルフやマージャン、競馬もひと通り経験した。競馬はいまも１００円単位で遊んでいる。高いお金を賭けても、１００円でもワクワクするのは、変わらない。楽しむのが目的なので、そこで、お金を儲けようとはまったく思っていない。

いろいろなことに挑戦してみて思うのは、まずはやってみるのがいちばん大事だということだ。日本人はよく人の目を気にするが、気にしすぎて、楽しめないのは寂しい。僕はあんまり人の目を気にしない分、楽しめている。

音楽活動にのめり込んだ女房

女房は「ＭＡＤＡＭ ＲＥＹ（マダムレイ）」の芸名でずっと音楽活動をしている。バンド名は「暴走還暦超特急」。いつごろから始めたのかは定かではないが、最初はライブコンサートを年に１回でも２回でもやろうという目標を立て、それが大きな刺激になったようだ。

音楽活動にも体力は必要だ。目標を実現するためには筋トレをして体を鍛えようとか、ボイストレーニングもしようとか、そういういろいろなことをやってみるのが、彼女の人生のなかでは、大きなウエートを占めているのかもしれない。

ライブ活動をしても、利益が出るわけではない。僕は女房に「いくら赤字になってもいい」と言っている。「自分が楽しくできるのなら、全然やっていいから」とお墨付きを与えている。いまは自分のペースで楽しく音楽活動できているようだ。

僕が現役選手だったころや、楽天の監督を務めていたときには、女房は完全に音楽活動をやめていた。僕は「やめろ」とはまったく言っていないのだが、自分なりにけじめをつけて活動を休止したり、再開したりしているのだろうと思う。

女房は激しいロックが好きなのだが、そんなジャンルの音楽が好きだとは、まったく知らなかった。結婚するときも、そういうそぶりを一切見せなかった。しかし、女房は「もともと、ロックが大好きだった」といまは言っている。

僕は何度か女房のライブコンサートにつきあい、一緒に参加したことがある。そのときはおとなしめな「アコースティック・バージョン」にしてもらった。女房がいつもやっているような、ずっと立ちっぱなしで、体じゅうを激しく動かし、音も大きいロックのスタイルは、僕にはちょっと無理だった。

女房もいろいろなことに挑戦してきた。いまは、2008年北京五輪陸上男子400メートルリレー銀メダリストで、同志社大学の後輩、朝原宣治さんが主宰している陸上クラブ「NOBY T&F CLUB」で指導を受けている。

おおむね35歳以上なら誰でも参加できるマスターズ陸上の練習を一生懸命、頑張っている。種目は短距離。一度、練習を見に行くと、しっかりと走っていた。2025年には世界大会に出場したいそうだ。

周りの人にどう見られるかをあまり気にしない性格なのは、僕も女房も一緒である。だから、お互いが自分の好きなことで楽しめればいいと思っている。「他人に迷惑をかけない」という大前提で、好きなことを楽しむ分には、何をしてもいいのではないかと思っている。

女房と2人で楽しむ日常生活

僕は何も予定がない日には、ロードバイクに乗ってサイクリングに出かけ、家に戻ってきてから野球の試合をテレビで見たりしている。

試合を見る際には、かならずスコアブックをつけている。解説者の仕事を長くやっているので、オフの日にも試合を見ながらスコアブックをつけるのが癖になっているのだと思う。公式戦になると、一球一球、球種やコース、高さ、球速などを全部つける。ファウルボールがどこに飛んだというところまでしっかりと記入する。

自宅のテレビの前には椅子がひとつあって、最近は一度、座ってしまうと、ずっと座ったままで動かないときがたまにある。体に良くないので、椅子に座る時間を減らそうと思って、食事が終わったあとに、ときどき女房と2人でカラオケに行くようになった。

飼っている犬と猫の世話もある。最も多いときには7匹いた犬が、一時は2匹になり、猫も2匹。それにカメが3匹いる。2022年の女房の誕生日に犬が1匹増えた。以前からいる2匹は女房が主に面倒を見ているが、今度の犬の世話は、僕の担当だ。

近ごろは、女房は僕のYouTubeチャンネルが気になりだしたようだ。最初のころは、家のテレビを僕が独占するので嫌がっていたが、いまでは近くの喫茶店に行って、そこでほかの人のYouTubeを見たりして、参考にしている。

基本的に番組の撮影は僕一人でしているが、女房はもっとインパクトがあるサムネイルはないかとか、タイトルはどうしたらいいかとかを調べている。けっこう、2人で日常生活を楽しんでいる。

将来の憧れの生活は、寒くなったら沖縄、暑くなったら北海道で1~2ヶ月ずつ住みたいと考えている。2人でそんな話をしている。

女房は海水がベタつくので、以前は海が全然ダメだったが、沖縄の西表島に一緒に行ったときに、あまりに海がきれいで、初めてシュノーケリングを体験した。それが忘れられないようだ。新型コロナウイルス禍が完全に収まり、自由に動けるようになったら、またやってみたいと思う。

子どもたちはそれぞれの道へ

僕には３人の子どもがいる。上の２人が男の子、いちばん下が女の子だ。長男は歯科医だが、大学まで野球を続けていた。

長男が高校２年生のときのこと。夏の大会（全国高校野球選手権大会兵庫大会）と我が家のカナダ旅行の日程が重なってしまったことがある。

そのときに長男が「自分もカナダに行きたい」と言いだした。僕が「野球はどうするんだ？」と尋ねると、長男は「野球はいつでもできるが、家族でのカナダ旅行はもう行けないかもしれない」と主張する。

僕は「それは、人間として失格だ。野球部のみんながおまえをエースとして期待しているんだぞ。見捨てて行くのか」と翻意を促し、考えを改めさせようとしたが、長男は譲らなかった。どこか、取ってつけた理由のようにも思ったが、仕方がない。野球部をやめることで家族旅行に連れていった。

旅行から戻ってきて何ヶ月か経過したころ、長男は「また野球がしたい」と言いだした。

僕は「そんな勝手なこと、虫のいいことを言うな」と叱った。しかし、長男は野球部の元チームメイトたちに退部したことを謝って、復帰の同意をほぼとりつけていた。僕は「試合に出られると思うなよ。ボール拾いだけだぞ」と言って、野球部に再入部させてもらう手続きを取ることにした。

ところが、そのときの野球部の部長が「再入部はダメです」と言い張って拒否した。電話で「長男は間違った行動をとりましたが、見捨てるのではなく、もう一度やらせてみるのも教育ではないでしょうか？」とお願いしたが、納得してもらえなかった。

こちらもだんだん熱くなってしまった。らちが明かないので、学校に直接赴き、校長先生と面会して「長男が迷惑をかけたことはわかっています。ボール拾いだけでも、させていただきたい」と訴えた。校長先生はものわかりのある人で、理解していただき、長男の再入部を承認してもらった。

結局、長男は高校3年生の夏の大会ではエースとして登板していた。ある意味、いい人生経験をしたと思う。チームメイトを裏切るという、いちばんやってはいけないことをして、最終的に親である僕が子どもの味方をしたことが、たぶんいまも記憶に残っていると思う。

僕が「おまえが悪い」で終わらせていたら、親子関係はいまとは違う形になっていたかもしれない。学校まで乗り込み、長男の味方をした。本人も連れて行ったので、校長先生をはじめとした学校側とのやり取りは全部、聞いている。そういうところから、いい父親像ができていたらうれしい。

高校時代は「プロ野球選手になりたい」と言っていた時期もある。だが、僕は冷静に長男の能力を分析してみて、「絶対に無理、プロにはなれない」と諭した。

あとになって、その言葉は言ってはいけなかったのではないか、親として「よーし、頑張れよ」と背中を押してあげたほうがよかったのではないか、と反省した。

なぜなら、素質がないと思った選手がプロで活躍するケースを目の当たりにしてきたからだ。選手の名は挙げないが、僕が最初に見たときには、プロで通用する可能性は低いのではないかと思った選手が、長年にわたってレギュラーを張るようになっている。だから、僕の目が全部正しいわけではないと思っている。

次男は中学から留学を経験した。女房の両親が、中学・高校生の海外留学を手掛けている人と仲が良く、米国のボストンにすごくいい国際的な学校があるということを教えてもらったことがきっかけだった。

入学は半年くらい先だったので、それまでニュージーランドで英語の勉強をさせた。すると、本人がニュージーランドをすごく気に入ってしまった。「ボストンには行かない」と言いだして、結局、中学2年生の途中から高校卒業まで4年半ずっと、ニュージーランドに住んでいた。

一度訪ねたが、住民の数より羊の数のほうが多いような町だった。帰ってきてから東京に1年いて、今度は沖縄の名護市にある大学に進むことになった。そこで知り合ったのが、医療関係で働く嫁さんである。

次男夫婦の新婚旅行には僕と女房もついて行った。僕と女房の「旧婚旅行」に次男夫婦が一緒だったと言うほうが正しいかもしれない。のんびりしたところで育ったので、次男は考え方ものんびりしている。2022年秋に大阪府枚方市で「コンセプトカフェ」をオープンさせた。

僕が子どもたち全員に言っているのは、「自分で道を切り拓いていけよ」ということである。僕は協力したいけど、道はつくりたくはない。

子どもたちには、それぞれが自分たちで道をつくってほしい。何をしてもいい。本当に困ったときには、僕が手を差しのべたい気持ちは持っている。そうなるまでに一度、自分でやってみたらいいと思う。

ときどき、僕のＹｏｕＴｕｂｅチャンネルのトークライブに登場してくれる長女は、家庭に収まるタイプではない。生き方はそれぞれだと思っている。

親が道をつくることで生活は安定するかもしれないが、不安定な喜びもある気がする。次男と長女は少し前まで、我が家に一緒に住んでいた。しかし、女房が「やっぱり独立したほうがいいと思う」と話して、別々に暮らし始めた。

僕から見たら、まだ不安定な生活をしているが、それはそれで、僕は楽しい人生ではないかなと思っている。自分たちのできるところで、自分たちの実力で、自分たちのできることをするのが、いちばん気楽だと思う。

大事なのは、どのような結果になっても前向きに受け止めて次に進めるかどうかだ。

「人間《じんかん》到る処青山《せいざん》あり」という言葉がある。

この世の中、どこにでも骨を埋められる場所はある。あらかじめ決められた道を歩むのだけが人生ではない。枠からはみ出さないようにと恐る恐る生活している人も多いが、失敗したらどうしようと委縮し、悪いほうにしか考えられず、行動できないままでは楽しくないと思う。

僕は昔、ホームレスの人たちと一緒に酒を飲んだことがある。

まだ若いころ、中日の選手時代だ。札幌で試合があって、街で晩ご飯を食べ、ホテルに歩いて戻っていた。大通公園のさっぽろテレビ塔の近くで、そういう人たちの仲間に入れてもらって、いろいろな話をした。

「まあ最初に一杯、飲め」などと言われながら、同じ目線で語り合った。本人が納得する、他人に迷惑をかけないという条件はあるが、それをクリアしているのであれば、こういう生き方もあるのだと思った。

人生は人それぞれ、価値観も人それぞれ。自分なりに生き方を心の中で消化して、いい方向に持っていくことができれば、それなりに楽しい人生を送れるのではないかと思う。お金持ちがみんな幸せかというと、意外とそうでもない。何を幸せに感じるかも、人それぞれだと思う。

いくつになってもお年玉をあげる

孫も3人いる。長男のところの2人と、長女のところの1人。しょっちゅう家に遊びに来る。先日はいちばん年長の孫が塾の帰りに寄ってくれた。孫たちが望むことは、なんでもしてあげたい。それぞれの親がいろいろと厳しくしつけているので、おじいちゃん、おばあちゃんは孫たちとうまくやっていこうと思っている。もうひとつ思っているのは、お年玉。少し前に、親戚のおばあちゃんが１０５歳で亡くなった。１００歳のときの正月に訪問すると、僕にお年玉をくれた。僕が「働いているし、逆にあげなきゃいけないのに……」と断ろうとすると、息子さんに「もらってあげてよ。それが一番の楽しみだから」と言われた。

いただいたポチ袋を開けたら、入っていたのは10万円。何かの形でお返ししないといけないが、おばあちゃんの姿はカッコよかった。これはいい手だなと思った。

正月に僕の家に息子や娘、孫たちが訪ねてくる。僕が何歳になっても、お年玉を子どもたちや孫たちにあげようと決めた。でも、家に来なかったらあげない。それがお年玉の条件だ。

いくつになっても、子どもは子ども、孫は孫。親としては、一生懸命頑張っているのがうれしいし、楽しそうに暮らしているのがうれしい。そんなに裕福ではなくても、なんか楽しいな、いい人生だなと思える生活を送ってくれたほうがいい。

本当に困ったときには、僕は何かサポートできる立場ではいたいと思っている。そういう親子関係でいたい。ただ、いつも頼られて、すねをかじらせるのはよくない。

僕の親は財産もなかったが、借金も残さなかった。それはそれで、ありがたかったし、非常によかったと思っている。他人に言われて人生が曲がっていくのではなく、自分でストーリーをつくっていく人生には、それなりの楽しさがある。

僕もそういう環境で育ったので、その楽しさをある程度はわかっているつもり。何かの壁にぶち当たったときに、そこでへこたれてしまうような人間では困る。子どもたちには、困難な壁があるからこそ、人生はおもしろいというのを感じてほしい。

あとがきにかえて　「残された人生を楽しもう」

みなさんの記憶にもある楽天の初代監督として過ごした期間はわずか1年でしかない。その後は関西に帰ってきた。

選手時代はプロ野球の最終目的は優勝だと思いながら過ごしていたが、曲がりなりにも指導者をさせてもらい、それが弱いチームだったのは逆によかった。プロ野球界というものが見えてきた気がする。最初に率いたのが強いチームだったら、「目的は勝つことしかない」という気持ちだけで終わったかもしれない。

そう考えると、僕は常に前向きだ。

何度も記すが、ほかの人からどう見られるかをあんまり気にしない。「ボロボロに負けるチームの監督」「田尾は能力ないな」。どう思われてもいい。とにかく、自分のできることをしようと思っていた。いつも、そういう気持ちでいる。そういうところの精神的な強さは持っている。

監督を務めたあの年、初めて知ったことが2つある。

ひとつは思っていたよりも自分が図太い人間だということ。あれだけ負けて、もっと眠れないのかなと思ったが、よく眠れた。女房には「それは眠れているんじゃなくて、気絶しているんだよ」と言われたが、とにかく眠れないことはなかった。

もうひとつは、寝言を言うことだ。女房によると毎晩だという。しかも、はっきりしゃべる。「きのう、なんか歌っていたよ」とか「なんか怒っていたね」など、目覚めたときに、女房が報告してくれた。もしかしたら、そんな寝言で、グラウンド上のストレスを発散していたのかもしれない。

大阪の下町でずっと育ち、野球人としてはそんなにエリートではなかった。同志社大学に入って、途中からエリート枠になったが、そこにたどり着くまでは、プロ野球でプレーするようになる環境ではなかった。

僕が図太いのは、こうした環境で育ったことで、失うことを恐れるようなステータスや、自分を良く見せないといけないというエリート意識などが少ないのが理由ではないかと思う。

何度か記したが、どんな環境に置かれても、一生懸命に何かをしていれば、なんとかなると思っている。評価してくれる人も出てくる。拾う神もいる。

投げやりになったり、やることをやらなくなったりしたら、誰も見てはくれない。経験上、少々生意気でも、やることをやっていれば、認めてくれる人はいると思っている。

年齢がある程度になってくると、周りの人が最初から「田尾はこういう人間だ」と見てくれるようになった。それで、楽になった部分もある。

若かったころは、僕がどんな人間かわからないなかで、生意気で、いつも上の人とぶつかるから、「なんだこいつは」と毛嫌いしていた人もたくさんいたのではないかと思う。実際、人づきあいの部分で「失敗したな」と思ったことも、ないわけではない。波風を立てずに、やり過ごしたほうがよかったケースもあったかもしれない。

しかし、そういう自分のスタンス、生き方をずっと変えなかったのがよかった。衝突するのも、チームや選手、誰かのためを思ってのこと。自分の利益だけを考えて主張しているわけではない。だから、衝突しても仕方がないと思っている。

少し前に長男が、楽天トップの三木谷浩史さんが球団を持ったときと同じ39歳になった。「おまえの年齢で資産が数千億円もある。野球チームを持ったら、やっぱり何か言いたくなるよな」という話をした。チームが弱いのに、じっと黙っているほうが難しいだろう。

その点、福岡ソフトバンクホークスには球団会長に王貞治さんがいて、現場と上層部との橋渡しの役割を見事に果たしている。オーナーサイドから信頼して託され、下からも尊敬される人がそういう立場でいると、チームづくりも違うのだろうなと思う。

じつは2005年の楽天監督時代、2年目のシーズンに向け、当時はソフトバンクの監督だった王さんと、千葉ロッテマリーンズを率いていたボビー・バレンタイン監督に、水面下で「この選手がほしいので、トレードに応じてほしい」と頼んでいたことがあった。もしも、僕が2年目も楽天を指揮していれば、実現していたと思う。フロントを通さず、野球というスポーツをこよなく愛してきた野球人の仲間として、そういったトレードなどの話ができた。

王さんの考え方には共鳴するところが、たくさんある。20年に王さんがテレビ局のインタビューで「プロ野球が16球団になるよう、新たに4球団誕生してほしい」と提言し、話題になったことがある。元ヤクルト監督の古田敦也も賛同していた。当時、僕は沖縄を本拠地とし、日本野球機構（NPB）参入を目指す初のプロ野球球団「琉球ブルーオーシャンズ」の運営に携わっていた。野球界の将来を真剣に考えている先輩の言葉がうれしく、心強く思った。

現在の12球団制から16球団に増やしたほうがいいというのは、僕も同じように思っていたことだ。多くの人に尊敬される王さんの提言をきっかけに、全国各地でNPB入りを目指す動きが出てくるのは大歓迎だと思った。

結局、大切なのは地位や名誉よりも、人間同士のつきあいだと思う。人のつながりを大切にするのは、日本社会の良さだと思う。プロ野球界について言えば、球界に精通し、直接交渉で移籍などの話をつけられるフロントマン、王さんのようなＧＭが数多く現われてほしい。

僕と王さんは現役時代が少しだけかぶっている。僕が中日でプレーしていた若手のころ、読売ジャイアンツの王さんは日本を代表するホームランバッターだった。

直接対戦した試合でのこと。打席に立った僕は、3ボール1ストライクからの5球目の絶好球を見送った。とにかく塁に出ようと思って、1球待ったのだった。フルカウントから四球を選んで、王さんが守っている一塁に歩いた。

そこで、王さんから「1球見送ったのは、ベンチのサインだったの？」と尋ねられた。僕が自らの意思で絶好球を見送ったことを話すと、「あの球は、振らないとダメだよね」と諭された。打席で消極的にならないようにするべきだと促されたのだ。

相手チームの若い打者にこうしたアドバイスは、なかなかできるものではない。前述した長嶋さんと同じように、王さんも野球界全体を考える立場で物事を見ていた証左だと思う。

プロ野球の球団を見ていて思うのは、本当にそのコーチ陣は組織にプラスになっているのだろうかという点。球団のフロントは、しっかりと見極めないといけない。

とくに若い選手を見ていて、上達しようという気持ちはものすごく持っているのに、そのために取り組んでいる方法が間違っている人がたくさんいる。そういう姿を見ると、歯がゆくなる。

これまでの野球界は、コーチ人事を監督に丸投げする球団も多々あった。すると、監督は自分の現役時代に仲の良かったチームメイトや、遊び友達を呼んでしまいがちだ。能力のあるコーチならいいが、そうではなくても、仲がいいからといった理由だけで呼ぶケースもあった。

若い選手、とくに高校を卒業してプロになったばかりの選手にとって、それは不幸だ。的確な指導ができない人がコーチにいるということだから。

そんなチームは若手が育たない。素質があっても、技術を身につけられずに伸び悩んでいる選手は、かなりいる。指導者はそういう選手の素質を開花させる能力がないとダメだ。

もちろん、一番は人間性だと思う。指導者は若い選手たちから見ても、尊敬できる人であるべきだ。正しい指導ができる人が正しいポジションにいる野球界になってほしい。

もう何年も昔の話なので正直に告白するが、僕も一度だけ、指導中に手を上げたことがある。

2002年にキューバのハバナで開かれたIBAFインターコンチネンタルカップで日本代表のコーチを務めたときのことだ。

パ・リーグの球団から派遣されてきた若い選手を試合中にベンチ前で殴った。彼には、プロ・アマ混成のチームに、プロ選手として参加していたプライドがあったのだと思う。僕が話をしても、おざなりな返事で、人の話を聞いているようには思えなかった。僕は「なんだ、その態度は」と叱った。いまになって思えば、違う方法もあったと思うが、そのときは、真剣勝負の現場で、とっさに手が出てしまった。

「これで僕のことを避けるかもしれない。こちらから一度、フォローを入れないといけない」と心配したが、その選手は逆に自ら僕のほうに来て積極的にアドバイスを求めるようになった。「ひと悶着はあったが、いい形に収まってよかった」とほっとしたのを覚えている。

翌年、その選手が所属している球団の春季キャンプを訪れた際に、「彼ほどファイティング・スピリッツを持った選手はそうはいない」と監督に起用を提言した。

選手を怒ったり、なだめたりしながらチームを良い方向に導くのが監督やコーチの仕事。手を上げるのは間違っているが、怒ること自体は、必ずしも悪いことではない。大切なのは、どれだけ愛情を持って接することができるかだと思う。

その上で、プロのコーチには選手指導の際に忘れてはならないことがある。どんな選手も何か光るものを持っている。何かを見いだされてプロ野球の世界に入ってきている。だから、最初にどこかひとつでも良いところを見つけて、言葉ではっきりと伝えて認めてあげることが重要だ。そうすることで、選手は「この人はちゃんと見てくれている」と心を許すようになり、助言にも耳を傾けてくれる。

投球や打撃の動作をチェックし、基本から外れている箇所を指摘するだけなら、誰にでもできる。ダメ出しを繰り返すだけでは、選手との信頼関係は築けない。選手が受け身にならずに練習に取り組むためには、コーチが気持ちを乗せてあげることが大切だと思っている。

プロ野球の選手寿命は平均すると、8年から9年といわれている。自然と、限られた「旬」の時期をできるだけ有意義に過ごしたいという考えになる。そして、年齢を重ねて実績を積んでいくほど、お金ではなく、自分をどう扱ってくれるのかを重視するようになるものだ。必ずしも金払いのいい球団に魅力を感じるわけではない。

僕は、監督は家族の長という感覚で、ファミリーをいい方向に導いていくのが責務だと思っている。だからファミリーのメンバーに対しては、愛情を注ぎまくる。注ぎまくったなかで、いい環境をつくって、選手たちに結果を残してほしい。

プロ野球界は、結果を残さなければ、ファミリーからすぐに外れなければならない厳しい勝負の世界、競争の世界だ。内野の各ポジションにレギュラーは1つしかなく、外野も全部で3枠しかない。システムとして、そうなっているのだから、監督がことさら厳しくする必要はない。

第5章で「管理野球」について触れたが、なんでも規則で縛り、厳しく接するのはアマチュアのすることだと思っている。プロ野球界はもともと、能力の高いひと握りの選手たちが入る社会。好きにさせた上で、結果が出なければ去ってもらうという厳しい現実が待っている。いちばん厳しい試練が毎年のオフにめぐってくるわけだ。

実際、毎年、2割近い選手がユニフォームを脱いでプロ野球界から消えていく。だからこそ、誤解を恐れずに言えば、「甘やかしていい」と思っている。

一方で、「新人なんだから、野球界全体で育てないといけない」といった過保護な扱いは要らない。出てくる選手は、どんな環境でも出てくる。「大器」と言われて入団した選手が育たなかったとしたら、それは本人に本当の力が備わっていなかったということだ。

プロの選手にとって大事なのは、グラウンドの中だけではない。グラウンドの外でも、自分をどう律するかが問われている。結果が出なければ、ユニフォームを脱ぐのがプロ。自身の行動の全責任を負う覚悟が必要だ。

いまのプロ野球界でプレーしている選手たちは、すごく恵まれた環境で野球ができている。まずは、そのことに感謝してもらいたい。

僕が現役のころは、遠征先の宿舎は一軍でも、一人一部屋ではなかった。8人部屋に泊まることもあった。そんな環境が当たり前だったころ、選手は球団に言いたいことも言えなかった。その分、精神力が鍛えられた。厳しい状況で勝ち抜かないと、プロで生活していけなかった。誰もが自分のことで精いっぱいだった。

いまはフリーエージェント（ＦＡ）権をはじめ、選手のさまざまな権利が認められている。立場も強くなった。ポスティングシステムを利用して米大リーグに移籍する道もできた。球団は選手の言い分を可能なかぎり聞き入れるようになっている。

そういう恵まれた環境にいる選手として、応援してくれるファンのことを大切に考えてほしい。「ファンのために」と口で言うのは簡単だ。応援してくれるファンにどうしたら喜んでもらえるかを本当に突き詰めて考え、プレーしてほしい。

中日時代の後輩で、抑え投手として活躍し、引退後は横浜ベイスターズの監督も務めた牛島和彦から、「田尾さんの言葉が印象に残っている」と打ち明けられ、うれしく思ったことがある。

その言葉とは、こうだ。

「僕らにとっては単なる一試合かもしれないが、来場してくれたファンのなかには、一生に一度の体験の人がいるかもしれない。だから、選手は力を抜いたプレーを見せてはいけない」

僕にとって、ファンの存在は全力でプレーするためのエネルギーそのものだった。いまの選手は、グラウンド外でも、いろいろな活動ができる。僕らが現役のときは、したくてもできなかった。

プロ野球選手の社会人としてのステータスも、昔に比べると格段に上がっている。そう考えると、プレーだけでは物足りない。もっと広く、社会に貢献できる人間になってほしい。

僕の生き方の根底には、一生懸命頑張って、他人に迷惑をかけないなかでやっていけば、何をしても食っていける、生活していけるのではないかという変な自信がある。人の言葉や態度に左右されて、思っていない方向に自分の人生を合わせていくのは、好きではない。

僕は世間一般にいわれる「偉いさんは敬わなければならない」という意識がない。監督だろうが、選手だろうが、僕は対等だと思っている。

お互いがお互いを敬い、いい方向に行ければ、それがベストだと思う。肩書によって変に偉ぶったり、押さえつけたりする必要はまったくない。僕の野球人生を振り返ってみても、肝が据わっている監督、上司ほど、聞く耳を持っていたように思う。

僕がもし野球に携わっていなかったら、いまごろはすっかりリタイアを決め込み、やることもあまりない人生を送っていたかもしれない。そういう年齢に差しかかってきている。だが、ありがたいことに楽しいことを見つけ、日々をマイペースで、好きなように過ごせている。

それは、難病の心アミロイドーシスにかかっていようが、いまいが、関係ない。

僕はＹｏｕＴｕｂｅの『ＴＡＯ　ＣＨＡＮＮＥＬ』を２０２０年２月に始めた。チャンネルは23年2月で丸3年を迎えた。始めたのは、長男から「やったらいいよ」と背中を押されたのがきっかけ。最初のころはどうやったらいいのかわからず、やっていけるのかなという不安もあった。

しかし、いまはほぼ毎日、アップしている。投稿回数は1000本を超えた。正直、しんどくて、やめようかと思った時期もある。だが、それを乗り越え、続けてやっていくうちに、だんだんとおもしろさを感じるようになり、やりがいが出てきた。

チャンネルは22年12月に登録者数が8万人を超えた。これまでに延べ約3000万回視聴されている。そういう人数、回数もだが、いろいろな人とコラボレーションし、話ができることが、すごく楽しい。

関西に住んでいるので、21年からは阪神を中心に試合も追いかけ、球団のOBにも出演してもらいながら、シーズンを通して解説してきた。こういう楽しさを見つけられたのは、僕のなかで大きな財産だと思う。

地上波でのプロ野球中継も以前に比べると、少なくなった。お世話になったプロ野球界のために何かをしようとしたときに、YouTubeはうってつけだと思った。自分でプロデュースでき、自分で出演できる。それこそ、テレビの番組づくりを全部、自分一人でやっている感覚がある。僕の番組は、女房に手伝ってもらい、長男に意見を聞きながら、「家内工業」で進めてきた。

誰に番組に出てもらうか考え、出演オファーを出し、交渉も自分でしている。そういうことも含めて、YouTubeがいまは生きがいにすら、なっている。

いろいろな人にお会いしているが、実際に話してみると、会う前に思っていた印象と違っていたりすることも多い。その人の人生を垣間見ることができるのも、おもしろい。自分たちだけで満足しているのかもしれないが、旧知の野球仲間と「あのとき、こうだったな」という思い出話をするのも楽しい。

テレビと違って、視聴者と双方向でやりとりできるのもいいと思う。女房や次男、長女とのトークライブでも、たくさんの人から質問をいただいた。「生まれ変わったら何になりたいですか?」という質問に、いまの知識を持ってプロ野球選手を最初からしたいと思った。質問を通じて、自分の新たな側面に気づかされることもある。

そういうことをしながら、日々を楽しく暮らしていけるのは、最高だと思う。新型コロナウイルス禍でなかなか外に出ていけないなか、YouTubeがあって本当によかった。元気に話すことができているうちは、ずっと続けていきたいと思っている。

まったく野球に興味がなかった女房も、最近は僕が野球の試合を見ている横で、一緒に観戦するようになった。「本当は違う番組が見たいのに……」とか文句を言いながら、つきあってくれる。そして、いろいろと意見を言う。「おまえ、変わったね」と、このあいだ話したところだ。僕たち夫婦は私生活もあけっぴろげ。隠すことなんて、何もない。本当に60代の夫婦とは思えないほど、新鮮な雰囲気で暮らせている。

僕は女房とよくしゃべるようになった。昔もよくしゃべっていたが、さらに会話の時間が増えたように思う。最近も女房の一言に気づかされたことがある。女房によると「夫婦が一緒に暮らしていれば、腹が立つこともよくある」のだそうだ。

その上で、こう言ってくれた。

「でも、『今日の食事はおいしかった』とか『ありがとう』『ごめんなさい』と言ってくれるのがうれしい」

たとえ夫婦や親子でも、互いに認め合わなければ角が立つ。日常の言葉のやり取りを、おろそかにしてはいけない。それが人生を楽しく、明るく、有意義に過ごすために必要なコツではないか。この年になって、あらためて思いを致した。

家族がいるからこそ、突然襲ってきた心アミロイドーシスというやっかいな病気とも向き合えている。ずっといい夫婦、円満ないい家族でいたいと思っている。

そして、野球界に目を向ければ、2023年は3月にワールド・ベースボール・クラシック（WBC）が開かれる。

新型コロナウイルス禍により、2021年に予定されていた第5回大会が延期となり、17年の第4回大会から6年ぶりの開催となる。

王さんが監督を務めた2006年の第1回大会と、原辰徳が指揮した09年の第2回大会で連覇を達成しながら、監督が山本浩二さんだった13年の第3回大会、そして小久保裕紀が率いた第4回大会と2大会続けて4強止まりに終わっている日本にとっては、雪辱を果たし、3大会ぶりの頂点を目指す舞台である。

そこに、米大リーグ、ロサンゼルス・エンゼルスの大谷翔平やサンディエゴ・パドレスのダルビッシュ有ら第一線で活躍するメジャーリーガーが、参戦の意思を表明してくれている。大リーグ球団からの参加は、第3回大会はゼロ、第4回大会は当時、ヒューストン・アストロズでプレーしていた青木宣親（現ヤクルト）の1人だけだった。

大谷やダルビッシュの参戦で、復権を期す日本代表チーム「侍ジャパン」の戦力が大幅に上がるのは間違いない。日本の入った1次リーグB組から準々決勝までは東京ドーム

（東京都文京区）で行なわれる。日本で久々に大谷やダルビッシュのプレーが見られるとなると、多くのファンが期待でワクワクするだろう。

「侍ジャパン」を率いる栗山英樹にとって、大谷とダルビッシュの2人は北海道日本ハムファイターズ監督時代の教え子である。栗山を侍ジャパンの監督に据えた甲斐があった。選手時代は病気やケガに悩まされ、決して恵まれていなかったが、周囲に目配りや気配りがうまくできるのだろう。いい指導者になったと思う。

僕は以前から、日本の優秀な選手が米大リーグに挑戦するのは、いいことだと思っている。優秀な選手が流出することで、日本の野球レベルが下がるという意見もあるが、僕はそうは思わない。

彼らがメジャーでプレーすることにより、米国の野球の良し悪しがダイレクトに日本にも伝わり、日本にいる選手も、そういうものを身近に感じながらプレーすることで、よりレベルが上がるのではないかと思う。

僕もかつて「JAPAN」の文字が胸に刻まれたユニフォームに袖を通したとき、背負うものが途端に大きくなったことを覚えている。日本が一丸となって応援してくれることが、ものすごいプレッシャーにもなる。そのなかで、本当にちょっとの差で勝敗が決まる。

国を代表するチームをつくるのだから、どのチームも強い。それが国際大会だ。だからこそ、選ばれた選手たちは、そこで結果を残す難しさを経験し、積み重ねていくことが大きな財産になると思っている。

2022年の11〜12月にカタールで開かれたサッカー・ワールドカップ（W杯）での盛り上がりを見ていても感じたことだが、国を代表して戦う大会には、多くのファンを引き付ける魅力がある。今回のWBCも、日本中を盛り上げ、野球ファンを喜ばせる大会になってほしい。

僕自身も難病と向き合い、まだまだ前を向いて歩んでいきたい。この本を執筆するにあたっては、自分の生い立ちからこれまでのすべてを記してきたつもりである。

難病と向き合ったとき、プロ野球選手として幾度となく苦難に直面したとき、楽天の初代監督として厳しい船出を経験したときなど、すべてのことについて偽りのない本音を明かしたつもりだ。それに対して不快に思う人もいるかもしれない。

しかし、これまでの生き方と同じく、持論を曲げて誰かに迎合して書いても、自分の本質はわかってもらえないと思った。

そして、自分の来し方が、一冊の本としての分量になるのは、野球界をはじめとしたたくさんのかけがえのない人たちとの出会いがあったからにほかならない。この場を借りて深くお礼を申し上げたい。出版の話をいただいた山と溪谷社の村尾竜哉氏には、自らの人生を振り返る機会をいただいたことをお礼申し上げたい。

最後に、いつも僕のそばに寄り添い、僕が生きていくための活力を与えてくれる女房や子どもたち、孫、僕を生んでくれた両親にもあらためて、ありがとうと伝えたい。みんながいてくれたから、僕はある。そして、僕もみんなのそばにいつも一緒にいることを忘れないでほしい。

２０２３年１月　田尾安志

Photo by Yazuka Wada

年度別打撃成績

年度	球団	試合	打席	打数	得点	安打	二塁打	三塁打	本塁打	打点	盗塁	四球	敬遠	死球	打率	出塁率
1976	中日	67	183	166	19	46	6	3	3	21	0	16	0	1	.277	.344
1977		96	166	152	19	42	6	1	6	19	1	9	0	0	.276	.315
1978		102	372	339	42	93	12	0	11	47	3	27	1	1	.274	.327
1979		123	419	383	47	96	22	1	13	50	0	30	0	2	.251	.308
1980		122	498	472	60	141	29	3	7	34	16	20	1	1	.299	.327
1981		124	513	462	72	140	17	6	15	53	7	41	7	2	.303	.360
1982		129	565	497	**92**	**174**	25	3	14	41	9	58	7	0	.350	.416
1983		130	574	506	74	**161**	26	3	13	61	9	60	5	2	.318	.391
1984		130	603	536	94	**166**	21	6	20	49	3	54	5	0	.310	.371
1985	西武	127	534	477	66	128	21	5	13	60	1	50	1	2	.268	.338
1986		106	341	313	42	83	12	2	8	28	6	20	1	1	.265	.310
1987	阪神	104	262	249	27	55	8	2	6	12	0	7	1	0	.221	.240
1988		80	160	140	21	42	9	0	4	21	1	17	6	0	.300	.373
1989		84	266	252	20	72	13	0	5	27	0	9	0	1	.286	.312
1990		119	428	386	41	108	14	0	11	50	2	40	1	0	.280	.347
1991		40	93	84	2	13	0	1	0	1	0	9	0	0	.155	.237
通算		1683	5977	5414	738	1560	241	36	149	574	58	467	36	13	.288	.344

※各年度の太字はリーグ最高

年度別監督成績

年度	球団	順位	試合	勝利	敗戦	引分	勝率	ゲーム差	本塁打	打率	防御率
2005	楽天	6位	136	38	97	1	.281	51.5	88	.255	5.67

年 表

1954年	1月8日生まれ。大阪市内で幼少期を過ごす。小学5年から野球を始めた。
1969年	大阪府立泉尾高校に進学。
1971年	夏の大阪大会は強打のエースとして強豪の近大附高などを破って野球無名校を4強へ導く。
1972年	同志社大学へ一般入試で進学。
1974年	春季リーグで個人最高打率 .548の関西六大学リーグ記録で首位打者を獲得。同年秋季リーグで2季連続の首位打者となる。
1975年	大学2年時より3年連続となる日米大学野球・日本代表に選出される。プロ野球・中日ドラゴンズからドラフト1位で指名を受ける。
1976年	セ・リーグ新人王を獲得。
1980年	オールスターに初選出され、86年まで7年連続で選ばれる。
1981年	プロ6年目で初の打率3割(.303)をマーク。4月は月間MVPを獲得し、シーズンのベストナインにも初選出。
1982年	リーグ最多安打をマーク。打率.350で激しい首位打者争いを繰り広げる。シーズン最終戦では、打率トップの長崎啓二が所属する横浜大洋ホエールズと対戦し、5打席連続敬遠を受ける。初のリーグ優勝を経験。2年連続でベストナイン賞受賞。
1983年	初めて全130試合に出場。3年連続で打率3割、2年連続でリーグ最多安打を記録。
1984年	2年連続で全130試合に出場し、4年連続で打率3割を突破。3年連続でリーグ最多安打をマークした。プロ通算1000安打、100本塁打、1000試合出場を達成。
1985年	パ・リーグの西武ライオンズに移籍し、リーグ優勝を経験。86年は日本一になる。
1987年	阪神タイガースへ移籍し、3年ぶりにセ・リーグでプレー。
1991年	現役引退。プロ通算16年で、1683試合に出場し1560安打、149本塁打、打率.288をマーク。
1992年	野球解説者、評論家として活動。フジテレビ系列『プロ野球ニュース』のメインキャスターを務めたほか、映画『釣りバカ日誌9』に出演するなど、タレントとしても活躍する。
2001年	アジア大会日本代表チームのコーチに就任。
2005年	プロ野球に新規参入した東北楽天ゴールデンイーグルスの初代監督に就任。38勝97敗1分で最下位に終わるものの、東北のファンから愛される監督として最後まで指揮を執った。
2019年	沖縄県初のプロ野球チーム、琉球ブルーオーシャンズのエグゼクティブ・アドバイザーに就任。20年に退団するまでGM、シニアディレクター兼打撃総合コーチを歴任した。
2020年	公式YouTubeチャンネル「TAO CHANNEL」を開設。
2022年	5月30日、特定疾患の心アミロイドーシスに罹患したことを同チャンネル内で公表。

構成　北川信行（産経新聞編集委員）
田中　充（産経新聞運動部記者／尚美学園大学非常勤講師）
カバー写真　和田八束
写真提供　田尾安志
装幀・組版　國枝達也
校正　戸羽一郎
編集　村尾竜哉（山と溪谷社）

田尾安志　たお・やすし

1954年1月8日生まれ、大阪府出身。同志社大学卒業。76年にドラフト1位で中日ドラゴンズに入団し、同年の最優秀新人賞を受賞。81〜84年まで4年連続で打率3割をマークするなど、セ・リーグを代表する外野手として活躍。85、86年はパ・リーグの西武ライオンズ、87年から阪神タイガースでプレーし、91年に現役を引退。現役通算1560安打。82〜84年にリーグ最多安打をマーク。81〜83年はベストナインに輝いた。オールスター出場7回。引退後は野球解説者・タレントとしてお茶の間で人気を博し、2005年はプロ野球界に新規参入した東北楽天ゴールデンイーグルスの初代監督を務めた。現在は野球解説者として活動するほか、自身のYouTubeチャンネル「TAO CHANNEL」を運営している。

それでも僕は前を向く
人生を強く生きるために、野球が教えてくれたこと。

２０２３年３月10日　初版第１刷発行

著　者　田尾安志
発行人　川崎深雪
発行所　株式会社　山と溪谷社
〒１０１－００５１
東京都千代田区神田神保町1丁目１０５番地
https://www.yamakei.co.jp/
印刷・製本　大日本印刷株式会社

〈乱丁・落丁、及び内容に関するお問合せ先〉
山と溪谷社自動応答サービス　TEL 03-6744-1900　受付時間／11:00-16:00（土日、祝日を除く）
メールもご利用ください。【乱丁・落丁】service@yamakei.co.jp　【内容】info@yamakei.co.jp
〈書店・取次様からのご注文先〉
山と溪谷社受注センター　TEL 048-458-3455　FAX 048-421-0513
〈書店・取次様からのご注文以外のお問合せ先〉
eigyo@yamakei.co.jp

　ISBN 978-4-635-34041-0